Qualitätsleitfaden
Gemeinsamer Unterricht

vds-NRW (Hrsg.)

Qualitätsleitfaden

Gemeinsamer Unterricht

PETER RIEGER,
ASTRID BALKE, CAROLA BECKER, GUDRUN BECKMANN-ZANDER,
MONIKA CHRISTOFFELS, CHRISTOPH DIEKER, ANNE KELLERMANN,
UTE KLAGES-HAGEN, MIKE NOSSMANN, ANDREA TUREK

Verband Sonderpädagogik
Landesverband Nordrhein-Westfalen e.V.
http://www.verband-sonderpaedagogik-nrw.de

Bibliografische Information der Deutschen Bibliothek

Die Deutsche Bibliothek verzeichnet diese Publikation
in der Deutschen Nationalbibliografie;
detaillierte bibliografische Daten sind im Internet über
http://dnb.ddb.de abrufbar.

Bibliographic information published by
Die Deutsche Bibliothek

Die Deutsche Bibliothek lists this publication in
the Deutsche Nationalbibliografie;
detailed bibliographic data are available in the internet at
http://dnb.ddb.de

ISBN 978-3-00-030436-1

1. Auflage März 2010

Herausgeber:
Verband Sonderpädagogik
Landesverband Nordrhein-Westfalen e.V.
Wilhelm-Canaris-Str. 6 · 59348 Lüdinghausen
http://www.verband-sonderpaedagogik-nrw.de
E-mail: post@verband-sonderpaedagogik-nrw.de

Einbandfoto:
©Hofschläger/PIXELIO

Druck und Herstellung:
druck+graphik manumedia gmbh,
Gladbeck

Inhaltsverzeichnis

1. Für wen und warum dieser Qualitätsleitfaden? .... Seite 03

2. Gelingensbedingungen und Stolpersteine .... Seite 06

3. Hinweise für Schulleitungen und .... Seite 19
   Lehrkräfte der allgemeinen Schulen

4. Handlungsfelder für GU-Lehrkräfte .... Seite 24
   4.1. Unterricht .... Seite 25
   4.2. Beratung und Prävention .... Seite 28
   4.3. Organisation .... Seite 40
   4.4. Kooperation .... Seite 47

5. Rechtliche Rahmenbedingungen .... Seite 66

1.
Für wen und warum dieser Qualitätsleitfaden?

Peter Rieger

Für wen und warum dieser Qualitätsleitfaden?

Sonderpädagogische Förderung findet längst nicht mehr ausschließlich in der Förderschule statt. Mit steigender Zahl der Schülerinnen und Schüler im GU finden zunehmend mehr sonderpädagogische Lehrkräfte ihr Aufgabenfeld (ausschließlich) in der allgemeinen Schule. Ein fachlicher Austausch mit anderen sonderpädagogischen Lehrkräften ist nur unter großen Mühen und bei weitem nicht in dem Umfang möglich, wie er Lehrkräften eines Kollegiums einer Förderschule möglich ist.

Viele sonderpädagogische Lehrkräfte suchen nach Unterstützungs- und Beratungsmöglichkeiten für ihre tägliche Arbeit, um diese mit hoher Kompetenz und Fachlichkeit durchführen und dem selbst gesetzten Qualitätsanspruch gerecht werden zu können. Dabei sind die Fragestellungen vielfältig:

- Welches sind meine Einsatzbereiche?
- Wie schaffe ich es, zur Teambildung beizutragen?
- Wo beginnt und wo endet meine Verantwortlichkeit?
- Wie komme ich an fachliche Fortbildung?
- Wie bekomme ich Zugang zu Fachliteratur, Fachzeitschriften usw.?
- Mit wem und auf welche Weise kann ich mich in sonderpädagogischen Fragestellungen fachlich austauschen?

Gleichzeitig gilt es, für die sonderpädagogischen Lehrkräfte an allgemeinen Schulen Rollensicherheit und Rollenklarheit zu schaffen, damit deren Tätigkeit nicht der Beliebigkeit unterliegt und für alle Beteiligten (Lehrkräfte, Schulleitungen, Eltern, Schüler) Aufgabenstellungen und Möglichkeiten (aber auch Grenzen) des Einsatzes der sonderpädagogischen Lehrkraft eindeutig sind.

Der vds Nordrhein-Westfalen hat es sich zum Ziel gesetzt, in diesem Feld fachliche Unterstützung durch diese Veröffentlichung anzubieten. Sie ersetzt nicht die tägliche Arbeit in der sonderpädagogischen Förderung, soll aber dazu beitragen, die Kooperation zwischen den Beteiligten zu verbessern. Damit setzt der vds einen Weg fort, der bereits durch fachliche Arbeit in einigen Referaten des Verbandes (insbesondere Fachreferat „Lernen") eingeschlagen wurde.

Für wen und warum dieser Qualitätsleitfaden?

Damit sollen sowohl die Qualität des gemeinsamen Unterrichts gesichert und der Anspruch von Schülerinnen und Schülern mit sonderpädagogischem Förderbedarf auf bestmögliche Förderung unabhängig vom Förderort umgesetzt als auch die Handlungssicherheit der Lehrkräfte im GU gestärkt werden.

Der vorliegende Qualitätsleitfaden beruht auf der Arbeit der vom vds zu diesem Anlass ins Leben gerufenen Projektgruppe und der Vorarbeit zahlreicher Kolleginnen und Kollegen in Förderschulen, allgemeinen Schulen, Schulämtern und Bezirksregierungen, vds-Referaten und -Arbeitsgruppen. Der Leitfaden führt viele Ideen und Konzepte zusammen und gibt damit wichtige Unterstützungshinweise für sonderpädagogische Lehrkräfte im Gemeinsamen Unterricht. Dabei greift der vds NRW mit Zustimmung der Betroffenen auch auf vorliegende Veröffentlichungen zurück.

Der Dank für eine intensive Mitarbeit geht an

Astrid Balke, vds-Regionalverband Dortmund
Carola Becker, vds-Regionalverband Detmold
Gudrun Beckmann-Zander, vds-Regionalverband Detmold
Monika Christoffels, vds-Regionalverband Köln
Christoph Dieker, vds-Regionalverband Dortmund
Anne Kellermann, vds-Regionalverband Niederrhein
Ute Klages-Hagen, vds-Regionalverband Dortmund
Mike Nossmann, vds-Regionalverband Detmold
Andrea Turek, vds-Regionalverband Niederrhein

2.
Gelingensbedingungen und Stolpersteine

Astrid Balke / Christoph Dieker

Gelingensbedingungen und Stolpersteine

Jeder wünscht sich im Berufsalltag Chancen optimal nutzen und Stolpersteine schnell überwinden zu können. Die folgende Auflistung von Alltagssituationen gibt hierzu Anregungen, erhebt jedoch keinen Anspruch auf Vollständigkeit.

Um kurz, prägnant und praxisnah formulieren zu können wurde im Nachfolgenden bewusst die Du-Form gewählt.

Chancen	Wie kann ich sie nutzen?
Schulprogramm	- orientiere dich am Leitbild der Schule und bestehenden Konzepten - konkretisiere deinen Arbeitsbereich in einem eigenen Kapitel im Schulprogramm, so kannst du in einen Austausch mit dem Kollegium über Ziel- und Arbeitsvorstellungen kommen (eigene Rolle klären, Grenzen setzen, organisatorische Rahmenbedingungen festlegen)
Förderpläne	- nutze bestehende Förderpläne - ergänze sie mit deinen eigenen Beobachtungen und Ideen - konzentriere dich auf wenige zentrale Förderbereiche - besprich und schreibe sie gemeinsam mit deinen Kolleginnen/ Kollegen, evtl. auch mit den Eltern und dem Schüler
Zeugnisse / Berichte schreiben, Elterngespräche führen	- schreibe Zeugnisse und Berichte gemeinsam mit der jeweiligen Klassenleitung, so können verschiedene Beobachtungen zusammengefügt werden; die Verantwortung hierbei liegt bei der Klassenleitung - führe Elterngespräche gemeinsam mit der Klassenlehrerin / dem Klassenlehrer; auf diese Weise demonstriert ihr eine enge Zusammenarbeit, Absprachen mit den Eltern werden besser im Lehrerteam verankert, außerdem bietet es Sicherheit; die Klassenleitung sollte dafür Sorge tragen, dass mindestens ein Gespräch pro Halbjahr stattfindet

Chancen	Wie kann ich sie nutzen?
Teamteaching, evtl. gemeinsame Klassenleitung	- Teamteaching ermöglicht dir im Unterricht viele Variations- und Differenzierungsmöglichkeiten; die Schülerinnen/Schüler sind bei zwei Lehrkräften aufmerksamer - gemeinsame Beobachtungen, Entscheidungen, Planungen erleichtern den Unterrichtsalltag - eine gemeinsame Klassenleitung ist möglich, wenn mehrere GU-Kinder eine Klasse besuchen; sie ermöglicht alle Schüler der Klasse in den verschiedenen Phasen des Schulalltages zu begleiten und soziales Lernen zu unterstützen
Heterogene Lerngruppe	- die heterogene Lerngruppe macht Differenzierung und Individualisierung als Unterrichtsprinzip für alle Lehrkräfte notwendig - das Lern- und Leistungsniveau wird „nach oben" und „nach unten" ausdifferenziert; als Lehrerin oder Lehrer hast du alle Lernniveaus im Blick
Prävention bei Schülern ohne festgestellten sonderpädagogischen Förderbedarf	- beziehe bei Bedarf und Möglichkeiten auch Schüler ohne festgestellten sonderpädagogischen Förderbedarf in deine Förderung oder in deine Fördergruppen ein; die Klassenleitung der Schülerin oder des Schülers wird dies in der Regel dankbar annehmen - diese Schüler können durch eine zeitweilige intensive Förderung ggf. wieder leichter den Unterrichtsinhalten der Klasse folgen - die Entwicklung dieser Schüler im Rahmen deiner Förderung geben Hinweise für möglicherweise notwendige Entscheidungen zur weiteren Schullaufbahn (z.B. Rücktritt, Antrag auf Verfahren AO-SF)

Gelingensbedingungen und Stolpersteine

Chancen	Wie kann ich sie nutzen?
Förderung Förderschwerpunkt übergreifend möglich	-viele Schüler sind „Grenzgänger" und können nur mit Mühe einem Förderschwerpunkt zugeordnet werden -orientiere dich am individuellen Förderbedarf der GU-Schüler und bilde an diesem Förderbedarf orientierte Lerngruppen, so dass z.B. ein Kind im vorrangigen Förderschwerpunkt Lernen auch wesentliche Elemente aus dem Förderschwerpunkt Sprache erfährt (siehe auch 4.1. sonderpädagogisches Lernstudio)
soziales Lernen im Unterricht	-du kannst soziales Lernen, vor allem Selbst- und Fremdwahrnehmung, als Thema im Unterricht mit der Klasse behandeln und somit weitere Lernchancen für alle Schülerinnen und Schüler schaffen
innere und äußere Differenzierung (Arbeiten im Klassenverband und im GU-Raum)	-der gemeinsame Unterricht findet für alle Schülerinnen und Schüler immer statt, also auch, wenn du zu dem Zeitpunkt nicht für die Klasse zuständig bist -dein pädagogisches Handeln muss nicht zwingend im Klassenraum stattfinden, auch eine Förderung in einer Kleingruppe im Differenzierungsraum kann je nach Schülerin und Schüler und notwendiger Förderung sehr hilfreich sein (siehe hierzu auch die unterschiedlichen Organisationsformen innerhalb des GU im Kapitel 4.1. „Unterricht")
Unterricht im Klassenverband: Lernen von den Mitschülerinnen und Mitschülern	-im Klassenverband kannst du Mitschülerinnen und Mitschüler als Helferkinder zur Unterstützung für das GU-Kind in den Bereichen Lern- und Arbeitsverhalten, Handlungsplanung einsetzen

Chancen	Wie kann ich sie nutzen?
Dienstbesprechungen, Teamsitzungen, Konferenzen	-nutze den festgelegten Rahmen für den Austausch mit Kolleginnen/Kollegen z.B. Klassen-/ Jahrgangsteams für die Unterrichtsvorbereitung -schaffe dir in Dienstbesprechungen und Konferenzen einen regelmäßigen, kurzen Gesprächszeitraum zum Thema GU, in dem organisatorische Dinge oder Schülerangelegenheiten angesprochen werden können (geplante besondere Fördermaßnahmen, Förderortwechsel, Beratung bei geplanten AO-SF-Verfahren etc.) -rege die Bildung einer Fachkonferenz Integration an
Besprechungen / Besprechungsstunden	-versuche feste Termine für die jeweiligen Teambesprechungen festzulegen -kläre mit deiner Schulleitung, in welchem Rahmen dies stattfinden kann
Stundenplan	-versuche an der Planung deines Stundenplanes mit zu gestalten, so kannst du die Bedürfnisse deiner Schülerinnen und Schüler gut in den Plan einbeziehen -stimme ihn mit den Kollegen ab, deine von den Schülern ausgehenden Erläuterungen hierzu können eine gute kollegiale Flexibilität bewirken -versuche jedes Kind möglichst jeden Tag (an dem du an der Schule bist) zu sehen, damit du seine Entwicklung kontinuierlich begleiten kannst -versuche ein ausgewogenes Verhältnis von Förderung im Klassenunterricht (Teamteaching) und in der Kleingruppe herzustellen -bilde sinnvolle Kleingruppen an Förderzielen orientiert z.B. Wahrnehmung, Sprache, Emotionalität, Sozialverhalten, Motorik, Mathe, Lebenspraxis

Chancen	Wie kann ich sie nutzen?
pädagogisch orientierte Stundenverteilung	- deine Unterrichtsstunden sind nicht starr einzelnen GU-Schülern zugeordnet - versuche deine Stunden pädagogisch gewichtet nach Absprache mit Schul- und Klassenleitungen zu verteilen - versuche bei besonderer Notwendigkeit, für eine begrenzte Zeit deine Stunden auch zugunsten einer Schülerin oder eines Schülers flexibel einzusetzen
Pausenaufsichten	- hier kannst du deine Schülerinnen und Schüler beobachten, wie sie sich außerhalb des Unterrichtes und im Umgang mit ihren Klassenkameraden verhalten - besprich mit deiner Schulleitung, ob du wegen der vielen notwendigen Absprachen mit Kollegen oder der Fahrten zwischen deinen Schulen hier ggf. weniger gefordert wirst
Integrationshelfer	- arbeite sie intensiv in ihr Arbeitsfeld ein, erläutere Regeln und Hintergründe, denn sie haben i.d.R. keine pädagogische Ausbildung - die Verantwortung für das Aufgabengebiet der Integrationshelfer liegt bei der Schulleitung, die diese an die jeweils beteiligten Lehrkräfte delegiert - informiere sie regelmäßig über Absprachen zu und mit den Schülerinnen und Schülern und über den Förderplan und beteilige sie in einer ihrem Aufgabenbereich angemessener Weise - gib ihnen einen Entscheidungsfreiraum, damit sie gerne und selbstständig arbeiten sowie mitdenken - informiere dich regelmäßig über ihre Arbeit und ihr Wohlbefinden und erarbeite mit ihnen bei Bedarf Veränderungen ihres Einsatzbereiches (siehe auch in Kapitel 4.4 unter „Integrationshelfer")

Chancen	Wie kann ich sie nutzen?
Offene Ganztagsschule	- informiere die Mitarbeiterinnen und Mitarbeiter der OGS über Besonderheiten der GU-Schülerinnen und -Schüler - versuche bei Schwierigkeiten deiner Schülerinnen und Schüler innerhalb der OGS-Zeit gemeinsam mit den Mitarbeiterinnen und Mitarbeitern der OGS Lösungen zu finden - lege in Absprache mit der Schulleitung bei Bedarf eine oder mehrere Unterrichtsstunden in die Zeit der Offenen Ganztagsschule, im Besonderen bei Schülerinnen und Schülern des Förderbereichs Emotionale und soziale Entwicklung
Arbeitskreis GU / weitere Informationsquellen	- nutze vorhandene Arbeitskreise zum Austausch über Fallbeispiele, Gesetze, Neuerungen, Termine, Material, Fortbildungen - falls es keinen Arbeitskreis GU gibt, versuche mit anderen Sonderpädagogen in Grundschulen in deinem Umkreis einen regelmäßigen Austausch zu organisieren - nutze, falls vorhanden, einen Leitfaden zur sonderpädagogischen Förderung oder eine ähnliche Schrift deines Schulamtes z.B. beim Verfassen von Gutachten gem. AO-SF oder beabsichtigten Förderschwerpunkt- oder Förderortwechseln - der vds bietet regional und landesweit vielfältige Formen des fachlichen Austausches und auch Fortbildungen an: www.verband-sonderpaedagogik-nrw.de
Arbeit in verschiedenen Klassen / Schulen	- durch die Arbeit in verschiedenen Schulen / Klassen bekommst du viele Ideen und Anregungen durch Kolleginnen und Kollegen und die unterschiedlichen Strukturen der Systeme

Gelingensbedingungen und Stolpersteine

Chancen	Wie kann ich sie nutzen?
Hospitationen	- verschaffe dir durch Hospitationen an anderen Schulen (Förderschulen, weiterführende Schulen) eine Übersicht über dein Netzwerk, damit du umfassend beraten kannst - baue dir dein eigenes Netzwerk auf (Kontakte, Ansprechpartner)
wohnortnahe Beschulung	- durch die Vielfalt von ethnischer Herkunft, sozialen Bedingungen, Bildungsnähe der Kinder in einer GU-Klasse ergeben sich für alle Kinder vielfältige Verhaltens- und Lernorientierungen - das soziale Netzwerk bietet inner- und außerschulische Chancen (nutze Freundschaften) - du kannst Kontakte zu örtlichen Vereinen und Organisationen für die Integration und Förderung der Schülerinnen und Schüler außerhalb der Schule anstreben

Gelingensbedingungen und Stolpersteine

Stolpersteine	Wie kann ich mir helfen? Wo kann ich Hilfe bekommen?
„Ich sehe meine GU-Kinder nur wenige Stunden und habe kaum Einfluss auf ihre Entwicklung"	- sprich dich regelmäßig mit deinen Kollegen ab (Förderplanung und deren Umsetzung) - setze Helfer-Kinder in den jeweiligen Klassen ein - bedenke bei großem Bedarf die Beantragung einer Integrationskraft (u.a. auf Grundlage des Sozialgesetzbuches - SGB - oder des Kinder- und Jugendhilfegesetzes - KJHG-) - versuche GU-Schüler aus verschiedenen Klassen bei der Förderung in Kleingruppen zusammenzufassen
„Der Bereich des lebenspraktischen Unterrichts kommt im GU zu kurz"	- lege in der Klassenkonferenz individuell fest, in welchen Stunden des Stundenplans Kinder in lebenspraktischen Bereichen gefördert werden können
„Meine Kollegin / mein Kollege hat kein Interesse, mit mir zusammen zu arbeiten"	- versuche verbindliche Zeiten für gemeinsame Absprachen sowie Förder- und Unterrichtsplanung zu finden - nutze E-Mail als Austauschmöglichkeit - biete ihr oder ihm in der Zusammenarbeit Unterstützung für die GU-Schüler an, ggf. auch für einzelne andere Schüler, damit sie bzw. er den Wert eurer Zusammenarbeit für die Schüler und für die Erweiterung ihrer/seiner eigenen pädagogischen Anschauungen erfährt
„Jetzt habe ich Kinder aus fachfremden sonderpädagogischen Förderschwerpunkten"	- arbeite vom Kind aus - hole dir Hilfe bei fachkompetenten Kolleginnen/ Kollegen im Arbeitskreis - suche Kontakt zu einer entsprechenden Förderschule - kooperiere mit Therapeuten, Ärzten - nimm an Fortbildungen teil

Gelingensbedingungen und Stolpersteine

Stolpersteine	Wie kann ich mir helfen? Wo kann ich Hilfe bekommen?
„Meine Kollegen wollen immer eine 5-Minuten- Diagnostik und Hilfen für schwache oder schwierige Schüler ohne sonderpädagogischen Förderbedarf"	- bei akutem Bedarf versuche eine kurze Diagnostik durchzuführen, z.B. im Rahmen deiner Unterrichtsstunden als Hospitation in der Klasse des Kindes - ggf. kannst du die Diagnostik in deine tägliche Förderung integrieren, wenn das Kind zu deinen Förderangeboten hinzukommt - rege Fortbildungen für das gesamte Kollegium in den Bereichen Diagnostik und individuelle Förderung an
„Bei Doppelbesetzung sitze ich wie ein weiterer Schüler im Klassenraum"	- versuche mit dem Fach-/Klassenlehrer in einen Austausch zu kommen, was in der jeweiligen Stunde geplant ist und wie du dich einbringen kannst - bringe gelegentlich Ideen für offene Unterrichtsformen ein (Freiarbeit, Tagesplan o.ä.), um langfristig diese Art der Unterrichtsgestaltung in der Klasse zu etablieren, damit individuelles Arbeiten für die Schüler und individuelle Förderung durch die Lehrer erleichtert wird - sei Ansprechpartner für alle Schülerinnen/Schüler der Klasse, so dass keine Sonderstellung für die GU-Kinder entsteht - falls du dich in einzelnen Unterrichtsphasen nicht einbringen kannst, nutze die Zeit flexibel in einer anderen Klasse

Gelingensbedingungen und Stolpersteine

Stolpersteine	Wie kann ich mir helfen? Wo kann ich Hilfe bekommen?
„Ich muss ständig Vertretungsunterricht machen"	- versuche den Einsatz der GU-Lehrkraft im Vertretungskonzept der Schule festzulegen, z.B. akute Vertretung morgens „ja", planbare Vertretung für folgende Tage „nein" - deine Arbeit ist wichtig, die Schule würde sicherlich nicht gerne Stunden von dir abgeben, somit sind sie auch weiterhin wichtig bei erhöhtem Krankenstand im Kollegium - was würde deine Schule bei Kollegenerkrankungen tun, wenn es keine feste sonderpädagogische Lehrkraft gäbe? - versuche Verständnis dafür zu schaffen, dass Belastungen und Unterrichtsausfall gleichmäßig verteilt werden sollten und dein und der Anteil der GU-Schüler durch Vertretung bei akutem Kollegenausfall ausgeschöpft wird
„Ich verfüge über ein GU-Budget – was mache ich damit?"	- erfrage den genauen Betrag bei deiner Schulleitung - überlege bei Neuanschaffungen den Nutzwert für deine aktuelle sowie langfristige Förderung, ggf. auch für individuelle Förderung der anderen Kollegen deiner Schule
„Ich habe kein eigenes zu Hause"	- gestalte dir nach Möglichkeit einen eigenen Förderbereich in der Schule, in dem du deine Förderung durchführen, deine Materialien deponieren kannst und in dem du für deine Schüler ansprechbar bist

Gelingensbedingungen und Stolpersteine

Stolpersteine	Wie kann ich mir helfen? Wo kann ich Hilfe bekommen?
„Ich muss ständig zwischen den Schulen hin und her pendeln"	- versuche deine Zeiteinteilung sinnvoll mit den Schulleitungen abzusprechen, damit du ohne Hektik und mit etwas Zeit für Vor- und Nachbereitung den Übergang bewältigen kannst - kläre, an welchen außerunterrichtlichen Terminen der beiden Schulen du teilnehmen sollst bzw. musst - kläre, ob längere Fahrzeiten mit Erlass von Pausenaufsichten oder Unterrichtsverpflichtungen ausglichen werden können
„Welche Handlungsschritte muss ich beim Übergang in die Sekundarstufe I beachten?"	- überprüfe genau, ob der sonderpädagogische Förderbedarf weiterhin besteht - führe frühzeitige Beratungsgespräche mit den Eltern (bereits im 3. Schuljahr), damit alle Beteiligten noch weitere Informationen einholen und ggf. Hospitationen durchführen können - zielgleiche sonderpädagogische Förderung kann in jeder weiterführenden Schule stattfinden, die Eltern melden ihr Kind regulär an einer Schule an - informiere dich über die Möglichkeiten der zieldifferenten sonderpädagogischen Förderung in deiner Stadt/Gemeinde (Integrative Lerngruppe einer allgemeinen Schule, Förderschulen, private Schulen; siehe auch www.learn-line.nrw.de) - bitte deine Schulleitung, neben Stammblatt und letztem Zeugnis weitere pädagogische Informationen aus der Schülerakte weiterzureichen

Gelingensbedingungen und Stolpersteine

Stolpersteine	Wie kann ich mir helfen? Wo kann ich Hilfe bekommen?
„Mir fehlt die Übersicht über vorhandene Netzwerke?"	- tritt in Kontakt mit vorhandenen Arbeitskreisen und Sonderpädagogen aus Nachbarschulen - nutze das vorhandene Netzwerk deiner Grundschule, z.B. zum Jugendhilfedienst o.ä.
„Es gibt Gesetze / Erlasse / Richtlinien, die die sonderpädagogische Arbeit betreffen – woher bekomme ich Informationen?"	- informiere dich regelmäßig in der AO-SF, im Amtsblatt und in der BASS oder im Internetauftritt des Ministeriums für Schule und Weiterbildung (MSW): www.bildungsportal.nrw.de - wende dich an das Schulamt sowie an Arbeitskreise oder andere Unterstützungsangebote deines Schulamtes - schaffe einen E-Mail-Verteiler als Austauschmöglichkeit mit anderen Sonderpädagogen
„Ich muss viele Fristen einhalten – welche?"	- informiere dich bei deiner Schulleitung, ggf. auch bei deinem Schulamt - orientiere dich, falls vorhanden, in Veröffentlichungen deines Schulamtes (Leitfaden o.ä.)
„Ich soll ein Feststellungsverfahren im Rahmen der AO-SF durchführen, habe aber keine Testmaterialien in der Grundschule"	- wende dich rechtzeitig an die Förderschulen in deiner Nähe - frage Sonderpädagogen der benachbarten Grundschulen nach Ausleihmöglichkeiten - mache der Schulleitung die Notwendigkeit der Anschaffung von Diagnosematerial deutlich, damit dies beim Schulträger gesondert beantragt werden kann

3.
Hinweise für Schulleitungen und Lehrkräfte der allgemeinen Schule

Peter Rieger

Gemeinsamer Unterricht bedeutet, sich als Schule, als Kollegium und als Schulleitung offen mit Fragen der Heterogenität und individueller Förderung auseinander zu setzen. Insofern ist GU kein exotisches Thema, sondern betrifft die aktuelle pädagogische Diskussion um die bestmögliche individuelle Förderung aller Schülerinnen und Schüler. Schülerinnen und Schüler, die im Gemeinsamen Unterricht sonderpädagogisch gefördert werden, sind Schülerinnen und Schüler der Klasse und der Schule wie alle anderen auch, sie sind nicht vorübergehend oder unter Vorbehalt anwesend. Aus diesem Grund kann es auch keine „für den GU geeigneten" oder „für den GU nicht geeigneten" Kinder geben. Vielmehr stellt sich die Frage, wie Unterricht und Unterrichtsorganisation gestaltet werden muss, um eine bestmögliche individuelle Förderung sicherzustellen.

Unterricht in heterogenen Lerngruppen und speziell im Gemeinsamen Unterricht zeichnet sich durch individualisierte, niveaudifferenzierte Lernangebote für alle Schülerinnen und Schüler einer Klasse aus.

Dabei steht die Schule bei vermutetem sonderpädagogischen Förderbedarf immer vor der Herausforderung, diesen Bedarf diagnostizieren und feststellen zu lassen, da erst auf Grundlage dieser Diagnostik und Feststellung Ressourcen (Lehrkräfte, Budget usw.) zur Verfügung gestellt werden können. Zu beachten ist dabei immer, dass nicht jeder Unterstützungsbedarf auch sonderpädagogischer Förderbedarf ist. Dieser ist an klare diagnostische Kriterien gebunden.

Aufgabe der Schulleitung in diesem Zusammenhang ist es, im Rahmen der Sicherung der Qualität der Unterrichtsarbeit
- den Einsatz der Lehrkräfte unter Berücksichtigung der vorhandenen Kompetenzen und sicher auch der Bereitschaft zur Übernahme dieser Tätigkeit (auch wenn es kein Prinzip der „Freiwilligkeit" geben kann) zu steuern
- die Kooperationsbereitschaft und Teamfähigkeit der beteiligten Lehrkräfte zu fördern
- Zeit und Raum für Teamabsprachen zur Verfügung zu stellen
- die für den GU notwendigen personellen und sächlichen Ressourcen zu organisieren
- in der „Schulgemeinde" den Gemeinsamen Unterricht zu thematisieren und um Unterstützung zu werben
- den Gemeinsamen Unterricht im Schulprogramm konzeptionell abzusichern

Hinweise für Schulleitungen und Lehrkräfte der allgemeinen Schule

Für Lehrkräfte der allgemeinen Schulen kommt es darauf an
- sich mit Fragen der Heterogenität auseinander zu setzen
- individuelle Lernwege zuzulassen und zu gestalten
- sich als kompetenter und gleichberechtigter Teil eines multiprofessionellen Teams zu verstehen
- Bereitschaft zu Absprachen und klaren Rollenverteilungen mitzubringen und sich auch auf Rollenwechsel einzulassen
- Unterrichts- und Erziehungsarbeit auf einen Förderplan zu stützen und differenziert zu planen und durchzuführen

Hilfreich bei der Zusammenarbeit zwischen Schulleitung, Lehrkräften der allgemeinen Schule und sonderpädagogischen Lehrkräften ist ein Teamkontrakt, in dem die jeweiligen Aufgaben und Verantwortlichkeiten beschrieben sind (Muster s. Anlage).

Absprachen und geplante Zusammenarbeit benötigen Zeit, daher hilft die Bereitschaft der Teampartner, sich regelmäßig zu Absprachen und gemeinsamer Planung zu treffen. Auch Konflikte und unterschiedliche Auffassungen über die Unterrichts- und Erziehungsarbeit können (und müssen) bei solchen Gelegenheiten professionell gestaltet und gelöst werden.

Gemeinsamer Unterricht manifestiert sich in gemeinsamer Verantwortung und gemeinsamer Gestaltung der beteiligten Lehrkräfte.

Materialien

Teamkontrakt
Auf der folgenden Seite findet sich ein Strukturraster für einen Teamkontrakt. Die Struktur ist beliebig zu verändern und nach den Standort bezogenen Gegebenheiten und Aufgaben zu ergänzen. Zu den aufgeführten Aufgaben können z.B. hinzukommen: Fortbildung, Leistungsmessung und –bewertung, Kooperation mit externen Fachdiensten usw. Bei der Festlegung der Aufgaben und Zuständigkeiten helfen die in Kapitel 4 dargestellten Hinweise.

Teamkontrakt

im Rahmen des Gemeinsamen Unterrichts an der ....Schule

Schulleitung: Frau / Herr..

Teampartner: Frau / Herr..(Klassenlehrkraft)

Frau / Herr..(sonderpäd. Lehrkraft)

In Anerkennung einer Verantwortungsgemeinschaft werden die aufgeführten Tätigkeiten im GU in Klasse .... im Schuljahr .... wie folgt wahr genommen (V= verantwortlich, M= Mitwirkung):

Aufgabe	Schulleitung	Lehrkraft der allgemeinen Schule	Sonderpädagogische Lehrkraft
ORGANISATION			
Bereitstellung von Unterrichts- und Differenzierungsräumen	V		
Bereitstellung von Lehr- und Lernmitteln	V		
DIAGNOSTIK UND FÖRDERPLANUNG			
Förderplanerstellung		V	V
Diagnostik im Rahmen der jährlichen Überprüfung (§ 15 AO-SF)			V
Berichterstellung im Rahmen der jährlichen Überprüfung (§ 15 AO-SF)		V	M
UNTERRICHT UND ERZIEHUNG			
Gestaltung eines differenzierten Lernarrangements		V	V
Durchführung des Klassenunterrichts		V	M
Durchführung von Einzelfördermaßnahmen			V
Erstellung differenzierten Unterrichtsmaterials		M	V
BERATUNG			
Durchführung der Elternberatung		V	M
Fallberatung im Team		V	V

4.
Handlungsfelder für GU-Lehrkräfte

*Ute Klages-Hagen / Peter Rieger / Anne Kellermann / Andrea Turek
Carola Becker / Gudrun Beckmann-Zander
Astrid Balke / Christoph Dieker / Monika Christoffels*

4.1 Unterricht (Ute Klages-Hagen/Peter Rieger)

Die Anforderungen an die didaktisch-methodische Gestaltung des Gemeinsamen Unterrichts unterscheiden sich grundsätzlich nicht von den Anforderungen an einen differenzierten und individualisierenden Unterricht, wenngleich einzelne Unterrichtsformen vielleicht geeigneter sind als andere, um im Rahmen des Gemeinsamen Unterrichts eingesetzt zu werden.

Der Unterricht soll

- Eigenaktivität und Selbstständigkeit zulassen und fördern
- die Zusammenarbeit und Kommunikation zwischen Schülerinnen und Schülern – auch und gerade bei zieldifferenter Förderung – ermöglichen
- die Möglichkeit eröffnen, eigene Lernwege zu erschließen
- differenzierte Lernformen anbieten
- in seinen angestrebten Zielen für die Schülerinnen und Schüler transparent sein
- in seinen Aufgabenstellungen motivierend und herausfordernd und gleichzeitig der Leistungsfähigkeit angemessen sein
- allen Schülerinnen und Schülern eine Beteiligung am Unterrichtsgeschehen ermöglichen
- den Schülerinnen und Schülern eine individuelle Reflexion und ein Feedback für ihre Leistungen – auch in Form von Selbstkontrolle - ermöglichen

Auch bei zieldifferentem Unterricht kann und soll an einem gemeinsamen Lerngegenstand gearbeitet werden, der – je nach Leistungsfähigkeit und Leistungstand der Schülerinnen und Schüler – niveaudifferenziert vertieft und methodisch umgesetzt wird. Ziel ist dabei die Erreichung eines höchstmöglichen Lernzuwachses unter Berücksichtigung des in individuellen Förderplänen beschriebenen Förderbedarfs.

Dabei bedeutet Gemeinsamer Unterricht auch immer gemeinsame Verantwortung der Lehrkräfte im Team auch bei unterschiedlicher Aufgabenverteilung. Dazu gehören eine gemeinsame Planung des Unterrichts für die Schülerinnen und Schüler mit sonderpädagogischem Förderbedarf im Team, die Beratung und Erstellung von Förderplänen, Tages- und Wochenplänen, die Verständigung über einzusetzende Unterrichtsmaterialen, Arbeitsblätter und Medien.

Fehlende Präsenz der sonderpädagogischen Lehrkraft im Unterricht (wenn diese nur einen Teil der Unterrichtszeit anwesend ist) kann damit kompensiert werden.

Die jeweiligen Aufgaben der Lehrkraft der allgemeinen Schule und der sonderpädagogischen Lehrkraft und die Rollenverteilung zwischen den Lehrkräften sollten dabei möglichst präzise abgesprochen werden und ggf. in Form eines Kontraktes vereinbart werden. Im Kontrakt sollten die jeweiligen Aufgaben und Zuständigkeiten auf Grundlage der verschiedenen Professionen beschrieben werden, aber auch organisatorische Aspekte wie gemeinsame Planungszeiten und ggf. Strategien zur Konfliktlösung.

Für die sonderpädagogische Lehrkraft kommen dabei folgende Einsatzbereiche im Zusammenhang mit Unterricht in Betracht:

- Team-Teaching im Klassenunterricht (verantwortet von der Lehrkraft der allgemeinen Schule oder der Sonderschullehrkraft – ein gelegentlicher oder regelmäßiger Rollenwechsel ist im Sinne einer Vermeidung von Stigmatisierung der Schülerinnen und Schüler mit sonderpädagogischem Förderbedarf dabei sehr empfehlenswert)
- Einzelförderung parallel zum Klassenunterricht
- Einzelförderung zusätzlich zum Klassenunterricht (z.B. während Förderbändern usw.)
- Förderung in einer Kleingruppe mit oder ohne Einbeziehung von Kindern ohne sonderpädagogischen Förderbedarf („sonderpädagogisches Lernstudio")
- Hospitation/Unterrichtsbeobachtung zur Entwicklung eines Förderplans für Schülerinnen und Schüler

Die sonderpädagogische Förderung sollte möglichst viele Situationen des Gemeinsamen Lernens berücksichtigen, Partner- und Gruppenarbeit sind dabei im Sinne gegenseitiger Hilfestellung und eines Imitationslernens besonders gut geeignet. Dies gilt auch, wenn Schülerinnen und Schüler im GU zieldifferent gefördert werden.

Voraussetzung für sonderpädagogische Förderung im Unterricht ist eine gezielte Förderplanung. Sie

- berücksichtigt vorliegende Informationen über die Schülerin / den Schüler (Förderschwerpunkt, Lernstand usw.),
- beschreibt Entwicklungs- und Lernziele,
- legt Maßnahmen und Verantwortlichkeiten (z.B. zwischen Klassenlehrer/in und sonderpädagogischer Lehrkraft) fest.

Förderplanung muss ebenfalls in kollegialem Austausch erfolgen, um

- die im Team vorhandenen unterschiedlichen Kompetenzen, Sichtweisen, Erfahrungen zu nutzen und damit anzuerkennen.
- den Prozess der Zusammenarbeit zu unterstützen und einen Kompetenztransfer in Gang zu setzen.
- schnelle und effektive Problemlösungen zu finden
- Fördermaßnahmen im Konsens zu entwickeln und damit auch umzusetzen

4.2 Beratung und Prävention (Anne Kellermann/Andrea Turek)

Beratung
Beratung hat zum Ziel, eine Aufgabe oder ein Problem zu lösen oder sich der Lösung anzunähern. Dabei ist die Haltung des Beraters, die durch Kooperation geprägt ist, der zentrale Punkt im Rahmen von Gesprächen. Die Beratung gehört mit zu den Kernaufgaben des Klassenteams.

Beratung wird im Gemeinsamen Unterricht immer wieder von den an der Schule tätigen Sonderpädagogen erwartet. Diese Erwartungshaltung lässt sich mit den verfügbaren Ressourcen einer GU-Lehrkraft häufig nur unzulänglich zufrieden stellen (s. hierzu auch die Ausführung zum Punkt Prävention). Die Beratungsaufgaben der GU-Lehrkraft sollten in jedem Fall in ein Beratungskonzept der Schule, das klare Strukturen und Zuständigkeiten beschreibt und festlegt, eingebettet sein.

Zwischen „Tür und Angel" vorgetragene Beratungsanliegen gehören zum Alltag einer GU- Lehrkraft und beziehen sich oft auf Verhaltensauffälligkeiten der Schüler. Die GU- Lehrkraft sollte sich auf jeden Fall nicht auf eine Beratung zwischen „Tür und Angel " einlassen, sondern die Motivation des Ratsuchenden zur Vereinbarung eines Gesprächstermins nutzen.

Wichtige Punkte für eine kompetente Beratung:
- Wertschätzung des Gegenübers, besonders Eltern in ihren Bemühungen wertschätzen
- „Den anderen gut aussehen lassen." (Kooperation statt Gewinner und Verlierer)
- Beachtung von Kommunikations- und Interaktionsregeln wie aktives Zuhören, Gesprächsinhalte zusammenfassen usw.
- Schaffung einer stressfreien Atmosphäre u.a. durch die notwendigen räumlichen und zeitlichen Voraussetzungen
- Strukturierung des Beratungsablaufes
- Gemeinsame Zielsetzung zu Beginn des Gespräches
- Äußeren und inneren Rahmen für die Beratung schaffen: u.a. Kongruenz der eigenen Person; Stimmigkeit von konkreten Absprachen, Respekt und Akzeptanz der Grenzen und Möglichkeiten der Gesprächspartner
- Ressourcenansatz : Stärken des Kindes als Ausgangspunkt –
  Was ist bisher gut gelaufen?

Handlungsfelder der Beratung

Der Austausch mit allen am Erziehungsprozess beteiligten Personen steht im Rahmen der Beratung im Mittelpunkt. Die Beratung auf der Erwachsenenebene verfolgt häufig das Ziel, die verloren gegangene Präsenz, im Sinne von Handlungsfähigkeit von Eltern und Lehrern wiederherzustellen. Demgegenüber nimmt die Beratung auf Schülerebene eher die individuelle Förderung und das Einhalten von Vereinbarungen in den Blick.

Beratung der Eltern

- Feststellen des Entwicklungsstandes, z.B. durch Beobachtungen, Gutachten, Berichte, etc. = Ist-Stand
- Entwicklung und Absprache von Förderzielen und –schritten bzw. Lernschritte und gemeinsame Evaluation = Soll-Stand
- Regelmäßiger Austausch mit den Eltern, z.B. Vier- oder Sechswochenrhythmus
- Begleitung der Schullaufbahn
- Übergang zur weiterführenden Schule
- Weitergabe der Anschriften von fachspezifischen Institutionen, z.B. von Sozialpädiatrien bzw. Pädaudiologien, Beratungsstellen, ADHS-Elternvereinigungen, Volkshochschule oder FBS
- Dokumentation von Gesprächen für die Schülerakte

Beratung im Team

- Feststellen des Entwicklungsstandes, z.B. durch Beobachtungen, Gutachten, Berichte, etc. = Ist-Stand
- Entwicklung und Absprache von Förderzielen und –schritten bzw. Lernschritte und gemeinsame Evaluation = Soll-Stand
- Regelmäßiger Austausch mit dem Team u.a. über die Förderpläne, Entwicklungsfortschritte oder -schwierigkeiten
- Weitergabe der Anschriften von fachspezifischen Institutionen, z.B. von Sozialpädiatrien bzw. Pädaudiologien, Beratungsstellen, ADHS-Elternvereinigungen, Volkshochschule oder FBS
- Individuelle Einzelfallberatung im Hinblick auf den festgestellten sonderpädagogischen Förderbedarf, z.B. beim Förderschwerpunkt Geistige Entwicklung die spezielle sprachtherapeutische Förderung beim Down-Syndrom oder technische Beratung beim Förderschwerpunkt Körperliche und motorische Entwicklung

- Treffen von Vereinbarungen und Absprachen für die Lernangebote unter Berücksichtigung der individuellen Förderung
- Gemeinsame Vorbereitung und Durchführung von Elterngesprächen
- Austausch von Schülerbeobachtungen aufgrund des anderen „Blickwinkels" (von außen)

Beratung der Schüler und Schülerinnen
- Schaffung von Transparenz für die festgelegten individuellen Förderziele (z.B. warum bei einem großen grafomotorischen Problem eher gezielte Übungen zur Festigung der Druckschrift statt der Teilnahme am „Schreiblehrgang" stattfinden)
- Gemeinsames Nachhalten und Einfordern von Vereinbarungen u.a. beim Einsatz von Tokensystemen oder individuellen Verträgen

Kooperationsfördernde Gespräche mit Lehrern, Eltern und Schülern
- Hier bietet sich ein gemeinsames Gespräch von Klassenlehrern, Eltern und dem betreffenden Schüler an, das vom beratenden Sonderpädagogen moderiert wird.
- Sonderpädagoge sorgt für ein gemeinsames Ziel
- Verständigung auf einen gemeinsamen Weg
- Aushandeln einer Lösung, die für alle attraktiv ist
- Die Beteiligten können so ihre Ressourcen einbringen

Kollegiale Fallberatung
Die Kollegiale Fallberatung kann die pädagogische Arbeit im Team ergänzen und unterstützen. Entweder wird diese im Kollegium bereits angeboten oder bei Bedarf wird ein entsprechendes Fortbildungsangebot genutzt.

Einige wichtige Aspekte zur praktischen Umsetzung von Beratungssituationen:
- Schwierige Elterngespräche sollten immer zu zweit geführt werden!
- Den Eltern stehen zwei Gesprächspartner bzw. Persönlichkeiten zur Verfügung, mit denen sie Gespräche führen können. In gemeinsam geführten Beratungsgesprächen sollten vorab die unterschiedlichen Rollen besprochen werden, um auch im Verlauf des Gespräches unterstützend eingreifen zu können.
- Gesprächsprotokolle sollten angefertigt, den Beteiligten ausgehändigt und in der Schülerakte abgeheftet werden.

- Aufnahme von Verabredungen in die Förderpläne
- Kooperationsmöglichkeiten suchen, z.B. kollegiale Beratung durch Förderschulen und den Arbeitskreis Gemeinsamer Unterricht, evtl. Beratungsbörse mit anderen Sonderpädagogen aufbauen
- Vermittlung von Sicherheit, d.h., dass Eltern genau wissen, was mit ihrem Kind in der Schule passiert (detaillierte Informationsweitergabe)
- Kontakt zu Eltern von Beginn an suchen. Der Beratungsprozess sollte im neutralen Vorfeld beginnen und nicht als Reaktion auf ein auffälliges Verhalten des betroffenen Kindes.

Prävention

Prävention im Gemeinsamen Unterricht dient dazu, dass die Entstehung von sonderpädagogischem Förderbedarf und eine Stigmatisierung möglichst verhindert werden sollen. In den meisten Klassen mit Schülern und Schülerinnen, die einen sonderpädagogischen Förderbedarf aufweisen, wird durch die beteiligten Sonderpädagogen vielfach schon präventive Arbeit geleistet. Anhand durchgeführter z.B. schulinterner Diagnoseverfahren, Lernzielkontrollen und Beobachtungen werden zeitlich befristet und in Abhängigkeit vom momentanen Förderbedarf der GU-Schüler und Schülerinnen Mitschülern mit ähnlichem Förderbedarf in Kleingruppen mitgefördert.
Im Rahmen der präventiven Arbeit sollten neben den Eltern und den beteiligten Kollegen immer auch die vor Ort vorhandenen außerschulischen Kooperationsmöglichkeiten, z.B. Caritas, Jugendamt, Ergotherapie, Logopädie usw. ausgeschöpft werden (s. Punkt 4.5 - Kooperation).

Seit dem Schuljahr 2008/2009 gibt es in NRW Pilotprojekte zu Kompetenzzentren sonderpädagogischer Förderung (KsF). Eine wesentliche Säule in der Arbeit der Kompetenzzentren ist die Prävention. Die jeweils individuelle, schulinterne und praktische Umsetzung sowie die hierbei gesammelten Erfahrungen sollen u.a. vom vds in einer Broschüre zusammengefasst werden.

Materialien

Links

Literaturhinweise

Beobachtungsbogen
(in DIN A 3 kopiert können Beobachtungen direkt eingetragen werden)

Gesprächsprotokoll als Raster

Gesprächsprotokoll zum Elternsprechtag

Protokoll für ein Entwicklungsgespräch

Links

www.learn-line.nrw.de/angebote/schulberatung
(Erziehen, Unterrichten, Beurteilen, Beraten)
Es wird ein Leitfaden geboten, der den Einstieg in diese Thematik erleichtert. Hinweise für weiterführende Informationen zum Beispiel zum Beratungsgespräch und zur Gesprächsführung.

www.bpb.de/methodie - Hierbei handelt es sich um einen Methodenkoffer, in dem man zu vielen Bereichen Spiele und Anregungen erhält.

Literaturhinweise

Ch. Hubrig und P. Hermann: Lösungen in der Schule – Systemisches Denken im Unterricht, Beratung und Schulentwicklung. Heidelberg 2007 im Auer Verlag – Das Buch bietet eine grundlegende Einführung in die systemische Arbeit im Kontext Schule und gibt zahlreiche wertvolle Anregungen für die tägliche Praxis. Für ihre Beratung finden sie brauchbare Methoden, mit deren Hilfe sie besser auf problematische Situationen reagieren können.

Karlheinz Barth: Lernschwächen früh erkennen im Vorschul- und Grundschulalter. München 2003 im Reinhardt Verlag – In diesem Buch werden sehr verständlich unterschiedliche Risikofaktoren, z.B. vestibuläre Wahrnehmung und ihre Funktionsstörung, zur Ausbildung von Lernschwächen erklärt und mit möglichen Fördermaterialien ergänzt.

H. Breuer und M. Weuffen: Lernschwierigkeiten am Schulanfang – Lautsprachliche Lernvoraussetzungen und Schulerfolg. Weinheim/Basel 2005 im Beltz Taschenbuchverlag – In diesem Buch steht das sprachliche Lernen als eine Prämisse des schulischen Lernens im Vordergrund. Hier werden Diagnose- und Hilfsmöglichkeiten aufgezeigt, um das Wahrnehmen von Sprache und die lautsprachlichen Grundfertigkeiten von Kindern zu erfahren.

Ratgeber für Angehörige, Betroffene und Fachleute aus dem Verlag Schulz-Kirchner, Hrsg. Jürgen Tesak – Die kleinen DIN A 5 Hefte gibt es u.a. für die Bereiche „Kinder mit Wahrnehmungsstörungen", „Auditive Verarbeitungs- und Wahrnehmungsstörung im Kindesalter" usw.. In diesen Ratgebern kann man sich gut zu den einzelnen Themen informieren und auch Eltern diese empfehlen.

D. Eggert: Von den Stärken ausgehen... Individuelle Entwicklungspläne (IEP) in der Lernförderungsdiagnostik. Dortmund 2000 im Borgmann Verlag –

V. Ledl: Kinder beobachten und fördern. Wien 1994 im Verlag Jugend und Volk – Eine Handreichung zur gezielten Beobachtung und Förderung von Kindern mit besonderen Lern- und Erziehungsbedürfnissen.

vds Landesverband Nordrhein-Westfalen (Hrsg.), Förderplanung in der sonderpädagogischen Arbeit

vds Landesverband Nordrhein-Westfalen (Hrsg.), Fördern planen – Förderzielorientierter Unterricht auf der Basis von Förderplänen

Handlungsfelder für GU-Lehrkräfte · 4.2 Beratung und Prävention

Beobachtungsbogen für:

Zeitraum	Sozialverhalten	Arbeitsverhalten	Deutsch	Mathematik	Fachunterricht	Stärken/Besonderes
Beobachtungs-zeitraum:						
Beobachtungs-zeitraum:						
Beobachtungs-zeitraum:						
Beobachtungs-zeitraum:						

Gesprächsprotokoll

Telefonisch ☐

Persönlich ☐

Nach Terminabsprache ☐

Gesprächspartnerin:

Ort:

Datum:

Zeit:

Gesprächsanlass:

Gesprächsinhalte:

Gesprächsprotokoll: Elternsprechtag am

Gesprächspartner:..

Emotional-/Sozialverhalten und Arbeitsverhalten:
-
-
-

Leistungsverhalten:
-
-
-

Deutsch:
-
-
-

Mathematik:
-
-
-

Stärken/Besonderes:
-
-
-

Förderziele:
-
-
-

Absprachen:
-
-
-

(Unterschriften)

Handlungsfelder für GU-Lehrkräfte · 4.2 Beratung und Prävention

Entwicklungsgespräch mit .... am ....

Hier habe ich meine Stärken, das kann ich besonders gut:

In diesem Bereich möchte ich meine Leistungen steigern / mein Verhalten ändern:

Das brauche ich dafür:	Hierbei sollen meine Eltern helfen:
	_____
	(Unterschrift der Eltern)

Wir überprüfen gemeinsam mein Ziel am_____

Ich bringe dafür mit: _____

4.3 Organisation (Carola Becker/Gudrun Beckmann-Zander)

Überlegungen zu innerschulischen Organisationsstrukturen an Schulen mit Gemeinsamem Unterricht

Die Organisationsstrukturen an Schulen mit Gemeinsamem Unterricht stellen Gelingensbedingungen für ein erfolgreiches pädagogisches Handeln an diesen Schulen dar. Qualitativ erfolgreicher Gemeinsamer Unterricht benötigt Rahmenbedingungen, die im Folgenden erläutert werden. Die beschriebenen Rahmenbedingungen werden nicht an jeder Schule zeitgleich mit der Einführung des Gemeinsamen Unterrichts vorhanden sein. Sie sind zu verstehen als Leitgedanken, die es bei der innerschulischen Organisation zu berücksichtigen gilt. Sie haben Prozesscharakter und unterliegen den gesamtgesellschaftlichen bildungspolitischen Qualitätsdebatten.

- **Der Gemeinsame Unterricht als Bestandteil des Schulprogramms**

Der Integrationsgedanke bzw. Inklusionsgedanke sollte ein Kernpunkt im Schulprogramm einer Schule mit Gemeinsamem Unterricht sein. Schulen mit Gemeinsamem Unterricht verstehen Schüler und Schülerinnen mit einem sonderpädagogischen Förderbedarf als eine positive Erweiterung der Heterogenität. Sie richten ihr Unterrichts- und Schulleben auf die individuellen Förderbedarfe aller ihrer Schülerinnen und Schüler aus. Eine Vielfalt von Lernvoraussetzungen und Lerninteressen der Schülerschaft ist im schulischen Alltag gewollt und ist die Normalität. Der Gemeinsame Unterricht von Schülerinnen und Schülern mit und ohne sonderpädagogischen Förderbedarf stellt damit nur eine Erweiterung von Erziehung und Unterricht in heterogenen Lerngruppen dar.

- **Einrichtung einer Fachkonferenz: Gemeinsamer Unterricht**

Kolleginnen und Kollegen, die im Gemeinsamen Unterricht tätig sind, müssen Gelegenheit bekommen, ihre Angelegenheiten in einem geregelten Rahmen zu diskutieren. In einer Fachkonferenz „Gemeinsamer Unterricht" werden verbindliche Absprachen getroffen, die den Umgang miteinander regeln. Der/ die Vorsitzende der Fachkonferenz hat die Aufgabe die Ergebnisse mit der Schulleitung zu besprechen, falls diese nicht selbst Teilnehmer oder Teilnehmerin der Konferenz ist.

Zeiträume zur Planung, Absprache und Reflexion für alle am GU Beteiligten werden für alle Beteiligten im Rahmen der Konferenzen transparent vereinbart und festgeschrieben. Ein besonderer Stellenwert kommt den Vorüberlegungen der Stundenplangestaltung sowie der personellen Besetzung der Klassen mit Gemeinsamem Unterricht zu. Aspekte wie Rhythmisierung des Schultages durch Doppelstunden, Begrenzung der Anzahl der in der Klasse unterrichtenden Personen, Zusammensetzung stabiler Fachteams und sinnvolle Vertretungsregelungen sollten Gegenstand der Besprechungen sein. Weitere Aspekte sind eine sinnvolle Raumplanung, die die Bedürfnisse der Schülerinnen und Schüler mit sonderpädagogischem Förderbedarf berücksichtigt.

Vorschläge können von der Konferenz entwickelt werden und sollten nach Abwägung mit gesamtschulischen Notwendigkeiten von der Schulleitung nach Möglichkeit umgesetzt werden. Die Schulleitung vertritt die Interessen und Notwendigkeiten, die sich aus der Heterogenität der integrativen Lerngruppen ergeben, im Kollegium und beim Schulträger.

- **Klassenbildung in Klassen mit Gemeinsamem Unterricht**

Bei der Zusammensetzung der Klassen, in denen Kinder mit und ohne sonderpädagogischen Förderbedarf gemeinsam lernen, bedarf es einer besonderen Sorgfalt. Die Heterogenität der Schülerinnen und Schüler ohne sonderpädagogischen Förderbedarf muss hinsichtlich der Kriterien Geschlecht, Migrationshintergrund, Lern- und Leistungsverhalten und Sozialverhalten gewährleistet sein. Elternanträge auf Aufnahme eines Kindes in eine Klasse mit Gemeinsamen Unterricht sollten sorgfältig geprüft werden. Es sollte vermieden werden, dass zusätzlich zu den Kindern mit sonderpädagogischem Förderbedarf ein überproportional großer Anteil von Kindern mit besonderem Förderbedarf in diese Klassen aufgenommen wird. Für eine gelingende Integration bedarf es einer tragfähigen Sozialstruktur mit einem ausreichenden Anteil von in ihrem Sozial- und Leistungsverhalten stabilen Kindern und Jugendlichen. Hinsichtlich der Klassengröße sollten die Klassen mit Gemeinsamen Unterricht im Vergleich zu den Regelklassen nach Möglichkeit eine geringere Schülerzahl aufweisen.

- **Räumliche, sächliche und personelle Rahmenbedingungen**

Grundvoraussetzung für einen erfolgreichen Gemeinsamen Unterricht ist die Gewährleistung der notwendigen räumlichen, sächlichen und personellen Ausstattung. Die Raumgröße einer Integrationsklasse muss so bemessen sein, dass ein Unterricht mit einem hohen Differenzierungsgrad möglich ist. Das heißt es muss Raum für Kleingruppenarbeit und andere Formen differenzierten Unterrichts (Werkstattunterricht, Projektarbeit, Freiarbeit u.ä.) vorhanden sein. Zusätzliche Räume, die eine zeitweilige äußere Differenzierung sowie eine räumlich getrennte Kleingruppenarbeit ermöglichen, sollten vorhanden sein. Der Schulträger ist verantwortlich für die behinderungsgerechte Ausstattung der Schule sowie für die Finanzierung von Unterrichtsmaterialen, die für die individuelle Förderung der Schülerinnen und Schüler mit Beeinträchtigungen benötigt werden. Die Verantwortung für die Stellenbesetzung sowohl der Lehrkräfte der allgemeinen Schule als auch der sonderpädagogischen Lehrkräfte, die im Gemeinsamen Unterricht zusammenarbeiten, liegt bei der Schulaufsicht.

- **Personelle Rahmenbedingungen**

Der Unterricht in Klassen mit Gemeinsamem Unterricht wird zum großen Teil kooperativ durchgeführt. Gemeinsame Absprachen und gemeinsames Handeln sind nur möglich, wenn die Anzahl der agierenden Lehrkräfte möglichst klein gehalten wird. Nur so kann ein regelmäßiger Informationsaustausch zwischen allen in einer Klasse tätigen Personen gewährleistet werden. Aufgrund der Intensität der Zusammenarbeit erfolgt die Teamzusammensetzung nach Möglichkeit in Absprache mit den Beteiligten. An Schulen, an denen eine größere Anzahl von Kindern mit sonderpädagogischem Förderbedarf unterrichtet wird, bietet sich der Einsatz von Sonderpädagogen mit unterschiedlichen sonderpädagogischen Fachrichtungen an. Durch diese organisatorische Maßnahme gelingt es, eine Multiprofessionalität an einer Schule fest zu verankern.

- **Fortbildungsangebote für Kolleginnen und Kollegen im Gemeinsamen Unterricht**

Die fachliche Beratung und Fortbildung der im Gemeinsamen Unterricht eingesetzten Kolleginnen und Kollegen muss verbindlich gewährleistet sein. Es erscheint sinnvoll, ein bis zwei schulinterne Fortbildungen im Schuljahr zu organisieren, an denen die sonderpädagogischen Lehrkräfte gemeinsam mit den Lehrkräften der allgemeinen Schule teilnehmen. Die Klassenleitungen gestalten darüber hinaus regelmäßige Teamsitzungen zu aktuellen Themen. Eine weitere fachliche Anbindung erfolgt durch die Teilnahme an schulamtsbezogenen Arbeitskreisen.

- **Qualitätssicherung und Evaluation im Gemeinsamen Unterricht**

Innerhalb der Schule mit Gemeinsamem Unterricht und in Kooperation mit dem Arbeitskreisen auf der Schulamtsebene werden Instrumente entwickelt, die den Gemeinsamen Unterricht evaluieren. Dabei kann es sich um Fragebögen handeln, die die Zufriedenheit der Schülerschaft und des Kollegiums zum Ziel haben. Es können Beobachtungsbögen zur Beurteilung des Schülerverhaltens eingesetzt werden oder auch standardisierte Verfahren, z.B. VERA, die auf die Bedürfnisse von Schülerinnen und Schülern mit sonderpädagogischen Förderbedarf zugeschnitten werden.

- **Qualifizierte Teamarbeit als Merkmal Gemeinsamen Unterrichts**

Die Kooperation im Team stellt eine wesentliche Arbeitsvoraussetzung für eine differenzierte unterrichtliche Förderung dar. Durch das Zusammenwirken der unterschiedlichen Zugangsweisen und Erfahrungen entwickelt sich eine Förderstruktur, in der das methodisch-didaktische Handeln auf die Förderung aller Schüler ausgerichtet werden kann. An Schwerpunktschulen mit Gemeinsamem Unterricht bietet sich die Bildung von Klassenleitungsteams besetzt mit einer Lehrkraft der allgemeinen Schule und einer sonderpädagogischen Lehrkraft an. An Schulen mit vermehrter Einzelintegration müssen andere Modelle geteilter Verantwortlichkeit gefunden werden.

Qualifizierte Teamarbeit ist kaum möglich ohne intensive gruppendynamische Prozesse. Teamentwicklung im Gemeinsamen Unterricht ist ein ständiger Lernprozess. Sie setzt den Willen zu Kooperation voraus. Die Diskussion strukturierter Fragestellungen und die Entwicklung einer gemeinsamen Teamgeschäftsordnung können hier hilfreich sein.
Im Folgenden stellen wir beispielhaft Fragen dar, die man sich in einem gemeinsamen Reflexionsprozess stellen sollte und zeigen eine mögliche Struktur einer Teamgeschäftsordnung.

Klärungen auf dem Weg zu einem gemeinsamen Team – Fragen, die man sich in einem gemeinsamen Reflektionsprozess stellen sollte :

- Was bedeutet für uns gute Teamarbeit in Bezug zur Sache/Inhalt, Beziehungsdynamik?
- Was ist für uns positiv an Teamarbeit?
- Nutzen wir Instrumente wie z.B. eine Teamgeschäftsordnung als Grundlage für unsere Arbeit; wenn ja, mit welcher Struktur und welchem Inhalt?
- Welche Ziele verfolgt das Team?
- Welche Aufgaben und inhaltliche Schwerpunkte kommen unseren Interessen und Ressourcen im Team entgegen?
- Wie sieht unsere Kooperation mit anderen Teams, Schulleitung, anderen Kooperationspartnern aus ?
- Wie nehmen uns andere Kolleginnen und Kollegen als Team wahr?
- Welche Probleme könnte es aus unserer Sicht geben, die unsere Teamatmosphäre für uns persönlich beeinträchtigen?
- Welche Schritte gehen wir, um eine Lösung für die Probleme herbeizuführen?
- Welche Hilfestellung erwarten wir von wem?
- Welche konkreten Schritte sind erforderlich zur Aufrechterhaltung unserer fachlichen Qualifikation zur Bewältigung zukünftiger Aufgaben im Team? Was können wir selbst dazu beitragen?
- Was bedeuten für uns wechselnde Anforderungen und Flexibilität ?
- Finden Entscheidungsprozesse im Dialog statt? Wer fällt welche Entscheidungen?
- Kennen wir unsere gegenseitige Erwartungshaltung?
- Wie ist die Erwartungshaltung anderer Kolleginnen und Kollegen, der Schulleitung, Eltern u.a. an unser Team?
- Was halten wir von Coaching / Supervision?

Mögliche Struktur einer Teamgeschäftsordnung :

- Beteiligte am Team / Teamkonstellation
- Rollendefinition
- Ressourcen der Mitglieder des Team – Stärken/ Schwächen
- Wünsche / Interessen
- Teamarbeitsnormen wie
    - Struktur von Teamkonferenzen
    - Zeitmanagement
    - Informationsweitergabe
- Rollenklärung vor Elterngesprächen, „ Helferkonferenzen" etc.
- Dokumentationsformen
- Außendarstellung
- Kooperation mit anderen Teams der Schule
- Kooperation mit Schulleitung / Schulaufsicht
- Kooperation mit außerschulischen Institutionen
- Definition gemeinsamer Ziele bezogen auf.....
- Aufgabenverteilung und Verantwortungsübernahme von Handlungsfeldern im Kontext von Unterrichten, Erziehen, Beraten, Förderplanung / Bildungsplanung, Schulentwicklung etc. wie z.B. :
    - Elternarbeit
    - Kontakt zu außerschulischen Einrichtungen
    - Integration von Fachlehrerinnen und Fachlehrer, Praktikantinnen und Praktikanten
    - Rollenverteilung bei Doppelbesetzung
    - Sonderpädagogische / therapeutischen Maßnahmen
    - Interventionsstrategien bei...
    - Leistungsbewertung
    - Dokumentation von Förderplänen
    - Konfliktbewältigung im Team / Umgang miteinander in Stresssituationen

Literaturhinweise

Dyrda, Klaus, Vom Einzelkämpfer zum Teamplayer, Gabal Verlag 2002

4.4 Kooperation (Astrid Balke/Christoph Dieker/Monika Christoffels)

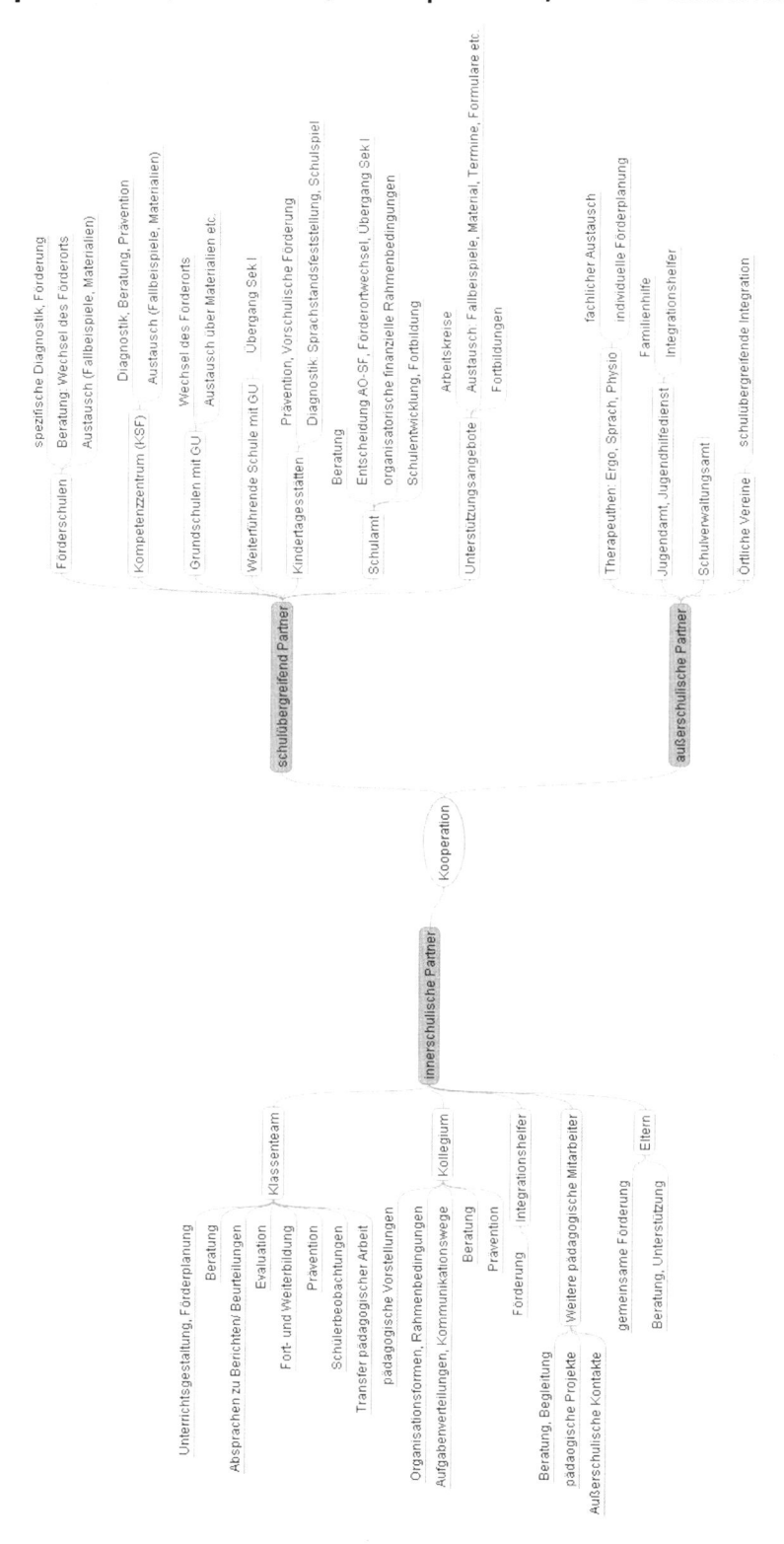

Kooperation

schulübergreifend Partner

- **Förderschulen**: spezifische Diagnostik, Förderung; Beratung, Wechsel des Förderorts; Austausch (Fallbeispiele, Materialien)
- **Kompetenzzentrum (KSF)**: Diagnostik, Beratung, Prävention; Austausch (Fallbeispiele, Materialien)
- **Grundschulen mit GU**: Wechsel des Förderorts; Austausch über Materialien etc.
- **Weiterführende Schule mit GU**: Übergang Sek I
- **Kindertagesstätten**: Prävention, Vorschulische Förderung; Diagnostik Sprachstandsfeststellung, Schulspiel; Beratung
- **Schulamt**: Entscheidung AO-SF, Förderortwechsel, Übergang Sek I; organisatorische finanzielle Rahmenbedingungen; Schulentwicklung, Fortbildung; Arbeitskreise
- **Unterstützungsangebote**: Austausch, Fallbeispiele, Material, Termine, Formulare etc.; Fortbildungen

außerschulische Partner

- **Therapeuten: Ergo, Sprach, Physio**: fachlicher Austausch; individuelle Förderplanung
- **Jugendamt, Jugendhilfedienst**: Familienhilfe; Integrationshelfer
- **Schulverwaltungsamt**
- **Örtliche Vereine**: schulübergreifende Integration

innerschulische Partner

- **Klassenteam**: Unterrichtsgestaltung, Förderplanung; Beratung; Absprachen zu Berichten/Beurteilungen; Evaluation; Fort- und Weiterbildung; Prävention; Schülerbeobachtungen; Transfer pädagogischer Arbeit; pädagogische Vorstellungen
- **Kollegium**: Organisationsformen, Kommunikationswege; Aufgabenverteilungen, Rahmenbedingungen; Beratung; Prävention
- **Integrationshelfer**: Förderung
- **Weitere pädagogische Mitarbeiter**: gemeinsame Förderung; Beratung, Unterstützung
- **Eltern**: Beratung, Begleitung; pädagogische Projekte; Außerschulische Kontakte

Für eine sonderpädagogische Lehrkraft im Gemeinsamen Unterricht ergeben sich im Berufsalltag viele Möglichkeiten zur Kooperation mit unterschiedlichen Partnern. Diese ergeben sich meist durch das alltägliche berufliche Handeln und können im Hinblick auf eine bestmögliche Förderung der Schülerinnen und Schüler mit sonderpädagogischem Förderbedarf vorgeplant und ausgestaltet werden. Eine Zusammenarbeit mit weiteren außerschulischen Partnern sollte stets mit bedacht werden, um diese bei Bedarf in die Förderung einzubeziehen.

1. Innerschulische Partner
1.1. Klassenteam
- Unterrichtsgestaltung
  z.B. Vorbereitungen, didaktisch-methodische Umsetzung, Differenzierung von Unterrichtsinhalten, Absprachen zu Unterrichtsformen, Unterrichtsgänge, Klassenfahrten
- Förderplanung
  z.B. Diagnostik, Festlegen von Förderschwerpunkten, Erstellen von Förderplänen, Umsetzung und Evaluation
- Beratung
  z.B. Elternsprechtage, Schullaufbahnberatung, Anleitung und Unterstützung von Integrationshelfern
- Absprachen zu Berichten / Beurteilungen
  z.B. Zeugnisse, jährliche Überprüfungen, Berichte zu Schülern für das Schulamt
- Kooperation
  z.B. mit Schulleitung, Ganztagsbetreuung, Förderschulen, Schulen der Sek. I, außerschulischen Institutionen, Jugendhilfe, Therapeuten
- Evaluation
  z.B. Feedback über Zusammenarbeit, Reflexion der (sonder-)pädagogischen Arbeit
- Fort- u. Weiterbildung
  z.B. Einarbeitung in fachfremde oder GU-spezifische Inhalte
- Prävention (bei zeitlichen und personellen Ressourcen)
  z.B. Förderung von Kindern mit erhöhtem oder noch nicht festgestelltem sonderpädagogischen Förderbedarf
- Schülerbeobachtungen
  z.B. im Hinblick auf erfolgreiche Unterrichtsteilnahme oder auf Erreichen der Lernziele
- Transfer pädagogischer Absprachen
  z.B. zu Fachlehrern der Klasse, Mitarbeitern der OGS oder Eltern

1.2 Kollegium

- Austausch über pädagogische Vorstellungen
  z.B. Entwicklung eines schulinternen Förder- und GU-Konzeptes oder Absprachen zu Unterrichtsformen und -methoden
- Abklärung vorhandener Rahmenbedingungen
  z.B. GU-Raum, vorhandene Materialien, Verwendung des GU-Etats, Stundenplangestaltung, Regelungen zum Vertretungsunterricht
- Absprache möglicher Organisationsformen
  z.B. innere Differenzierung durch Team-Teaching, äußere Differenzierung durch Kleingruppenförderung, offene Unterrichtsformen
- Absprache möglicher Kommunikationswege
  z.B. Verankerung von Beratungs- oder Besprechungszeiten, ggf. auch von im Stundenplan festgelegten Zeiten
- Absprache möglicher Aufgabenverteilungen
  z.B. Teilnahme an Konferenzen (für sonderpäd. Lehrkräfte i.d.R. nur in der Stammschule verpflichtend), Pausenaufsichten, Übernahme schulischer Aufgaben sowie die Aufgabenverteilung in einzelnen Teams (ggf. schriftlich durch Vereinbarung/Kontrakt festlegen)
- Beratung einzelner Kolleginnen und Kollegen
  z.B. zu pädagogischen Fragestellungen zu Schülerinnen und Schülern ohne festgestellten sonderpädagogischen Förderbedarf oder bei Anträgen zur Eröffnung von Feststellungsverfahren nach der AO-SF

1.3 Integrationshelferinnen und –helfer / Schulbegleitung

Integrationshelferinnen und -helfer stellen wichtige innerschulische Partner zur Organisation des Schulalltages dar. Notwendig für eine gelingende Kooperation mit ihnen sind u.a. gründliche Anleitung und Einarbeitung, regelmäßige Rücksprachen über den Verlauf ihrer Arbeit sowie Informationen über die Förderplanung für Schülerinnen und Schüler mit sonderpädagogischem Förderbedarf, in die sie ggf. einbezogen werden können.

Schulbegleitung richtet sich an:
- Kinder und Jugendliche, die aufgrund ihrer Behinderung beim Schulbesuch auf unmittelbare, individuelle Unterstützung angewiesen sind, um sie zur Erfüllung der Schulpflicht in den Klassenverband und die Schulgemeinschaft integrieren zu können.
- Hierzu können Schüler/innen gehören
  - mit herausforderndem Verhalten

- mit besonderen Kommunikationsbedürfnissen
- mit Bedarf an pflegerischen, medizinischen und therapeutischen Hilfen
- die sich selbst oder andere gefährden

Schulbegleitung kann beantragt werden auf der Grundlage folgender Gesetzgebungen: § 54 SGB XII § 35a SGB VIII , sie ist unabhängig von der besuchten Schulform.

Aufgaben von Integrationshelferinnen und -helfern:

Integrationshelfer/innen sollen in der Schule die Teilhabe des Betreuten/der Betreuten an der (Lern-) Gemeinschaft sicherstellen.
Ausgehend vom individuellen Förderplan tragen die Lehrpersonen die Gesamtverantwortung für das schulische Lernen der Schüler/innen. Integrationshelfer/innen leisten in diesem Gesamtzusammenhang Teilaufgaben.
Diese können sich beispielsweise zusammensetzen aus der Unterstützung bei:
- der Ermöglichung der Teilnahme an schulischen Aktivitäten,
- der Aneignung der Lerninhalte,
- der Kommunikation mit verschiedenen Hilfsmitteln,
- der Erweiterung von Sozialkompetenz,
- lebenspraktischen Verrichtungen, wie pflegerische und medizinische Versorgungstätigkeiten,
- der Strukturierung des Schulalltags,
- der Begleitung in Krisensituationen,

Qualifikation von Integrationshelfer/innen:

Die Aufgaben der Integrationshelfer/innen für den jeweiligen Schüler/ die jeweilige Schülerin müssen basierend auf der Auswertung des Förderplans im Sinne einer Arbeitsplatzbeschreibung genau spezifiziert und regelmäßig aktualisiert werden.
Auf der Grundlage der Arbeitsplatzbeschreibung muss überlegt werden, ob die notwendigen Kompetenzen der Integrationshelfer/innen:
- schulintern angeleitet werden können
- extern erworben werden
- oder als Voraussetzung vorhanden sein müssen.

Antragsverfahren:

Antragsteller sind in der Regel die Eltern (z.T. mit Hilfe der Institution) oder in Einzelfällen die Institution (in Absprache mit den Sorgeberechtigten)

Antragstellung an den zuständigen Kostenträger:
- Anträge werden von den örtlichen Sozial- oder Jugendhilfeträgern angenommen.
- Sofern die Behörde nicht zuständig ist, muss sie den Antrag innerhalb der Frist von zwei Wochen an den zuständigen Kostenträger weiterleiten.

Der Kostenträger fordert in der Regel an:
- eine pädagogische Stellungnahme der Schule (wenn nicht schon beigelegt), die neben dem Hilfebedarf auf notwendige Qualifikationen der Schulbegleitung hinweisen sollte,
- ein Gutachten des schulärztlichen Dienstes.
- Liegen bereits fachärztliche Gutachten vor, können diese den Entscheidungsprozess unterstützen. Bei Vorliegen einer Schweigepflichtentbindung seitens der Sorgeberechtigten sollten diese dem Antrag beigelegt werden.

Die Entscheidung über die Bewilligung muss innerhalb von 3 Wochen getroffen werden, falls nicht weitere Gutachten eingeholt werden müssen.

Der Bescheid über die Bewilligung wird den Antragstellern zugesandt. Schulen sollten um die Übersendung einer Kopie bitten.
Antragsteller/innen können sich in den Servicestellen der Kommunen beraten lassen. Einige Kommunen haben besondere Verfahren festgelegt.

Zur Organisation des Einsatzes von Integrationshelferinnen und -helfern und zur Kooperation zwischen Schulen und Trägern siehe auch die Hilfen im Anhang zu diesem Kapitel.

1.4 Weitere pädagogische Mitarbeiter

An einigen Schule arbeiten weitere pädagogische Mitarbeiter wie z.B. Sozialpädagoginnen oder Sozialpädagogen, deren Aufgabenfeld nahe an dem der sonderpädagogischen Lehrkraft liegt. In folgenden Bereichen kann eine Kooperation erfolgen, um dem Kind eine kontinuierliche und umfassende Betreuung und Förderung zu ermöglichen:

- Angebote im Schulalltag: Sprechstunden, Begleitung von Schulveranstaltungen, Mitarbeit in der OGS, soziales Lernen als Unterrichtsfach
- Durchführung von pädagogischen Projekten: Streitschlichter, Anti-Gewalt-Training, Trainingsraum
- Beratungsangebote für Schülerinnen und Schüler, Eltern, Lehrerinnen und Lehrer
- Aufbau von Kontakten zu außerschulischen Partnern
- Begleitung von Schülerinnen und Schülern in schwierigen Lebenssituationen: Einschulung, Schulwechsel, familiäre Schwierigkeiten, Integration von Kindern mit Migrationshintergrund, Integration von Kindern mit sonderpädagogischem Förderbedarf, Mobbing

1.5 Eltern

In der täglichen Zusammenarbeit mit Eltern von Schülerinnen und Schülern mit sonderpädagogischem Förderbedarf ist besonders der Austausch im Rahmen der Förderplanung wichtig. Mit ihnen sollten die vorgesehenen Fördermaßnahmen besprochen werden, insbesondere diejenigen, die über den schulischen Rahmen hinaus für eine ganzheitliche Entwicklung des Kindes relevant sind. Wichtige Themen hierbei können u.a. sein: Arbeitsverhalten bei den Hausaufgaben, Sozialverhalten (Umgang mit den Eltern oder Geschwistern, anderen Kindern sowie mit Regeln und Grenzen), therapeutische Maßnahmen, Gestaltung der Freizeit (Spielen, Sport, Vereine, Freunde), Ernährung oder Fernseh-/Computerkonsum.

Darüber hinaus können Token- bzw. Verstärkersysteme abgestimmt werden, die erst in der Zusammenarbeit von schulischem und häuslichem Umfeld umfassend wirksam werden können.

Die Beratungstätigkeit umfasst des Weiteren einen Austausch über geeignete und sinnvolle Förderorte, den Übergang in die weiterführende Schule sowie die Berufswahl. Außerschulische Unterstützungsmöglichkeiten wie Therapeuten oder therapeutische Zentren und Vereine sowie Erziehungsberatungsstellen und Jugendhilfedienst sollten bei Bedarf in Elterngespräche einbezogen werden.

Hilfreich für eine gelingende, regelmäßige Zusammenarbeit mit den Eltern ist eine von den Lehrkräften angebotene wöchentliche Sprechstunde, die Dokumentation von geplanten Vorhaben sowie eine kontinuierliche gemeinsame Evaluation der durchgeführten Maßnahmen.

2. Schulübergreifende Partner
2.1 Förderschulen
Eine Kooperation mit Förderschulen der Umgebung bietet Möglichkeiten für einen fachlichen Austausch. Die sonderpädagogischen Lehrkräfte der jeweiligen Förderschulen können Hinweise und Tipps für den Umgang mit spezifischem Förderbedarf geben, insbesondere bei fachfremd zu bearbeitenden Förderschwerpunkten. Des Weiteren ist ein Austausch von Diagnostik- und Fördermaterialien möglich. Hilfreich erscheint auch die Teilnahme an Fortbildungsangeboten innerhalb der Förderschulen, da die angesprochenen Themen meist auch für die Arbeit im GU von Interesse sind, in Fortbildungsangeboten der allgemeinen Schulen aber meist so nicht vorkommen.
Besonders wichtig wird eine Kooperation zwischen der sonderpädagogischen Lehrkraft einer allgemeinen Schule und der einer Förderschule bei einem vorgesehenen Förderortwechsel eines GU-Kindes.

2.2 Kompetenzzentrum KSF
An der dreijährigen Pilotphase des Kompetenzzentrums sonderpädagogische Förderung (KsF) nehmen in NRW seit dem Schuljahr 2008/2009 zwanzig Förderschulen bzw. Kooperationsverbünde aus mehreren Förderschulen teil. Beteiligt hieran sind eine Vielzahl von umliegenden allgemeinen Schulen der Primar- und Sekundarstufe als Netzwerkschule und Kooperationspartner dieser Kompetenzzentren.
In den nachfolgenden Schuljahren ist eine zügige Ausweitung der Erprobungsphase dieser veränderten Struktur sonderpädagogischer Förderung auf weitere Förderschulen und zugehöriger Netzwerkschulen vorgesehen.

Innerhalb dieser Zentren werden spezifische Konzepte erstellt, wie die sonderpädagogische Förderung von Kindern und Jugendlichen auf- und ausgebaut werden soll. Ziele hierbei sind die engere Verzahnung mit den umliegenden allgemeinen Schulen sowie außerschulischen Institutionen, präventive Maßnahmen bei Schülerinnen und Schülern, um eine Verfestigung von sonderpädagogischem Förderbedarf zu verhindern, sowie eine vermehrte wohnortnahe sonderpädagogische Förderung der Schülerinnen und Schüler im Gemeinsamen Unterricht.

Aus den Aufgabenschwerpunkten der Kompetenzzentren sonderpädagogische Förderung, Diagnostik, Beratung, Prävention und Unterricht, ergeben sich vielfältige und neue Kooperationsmöglichkeiten mit Schulen des Umfeldes, an denen Gemeinsamer Unterricht stattfindet. Eine fachliche und organisatorische Anbindung der sonderpädagogischen Lehrkäfte der Netzwerkschulen an das KsF wird in diesem System möglich und vermutlich auch sinnvoll.

2.3 Grundschulen und weiterführende Schulen mit GU

Die Zusammenarbeit mit anderen Schulen mit Gemeinsamem Unterricht kann in Bezug auf den Austausch von Materialien und Erfahrungen sinnvoll sein, insbesondere mit den Schulen des eigenen schulischen Umfeldes. Eine Zusammenarbeit mit anderen Grund- oder weiterführenden Schulen empfiehlt sich bei anstehenden Förderortwechseln von Schülerinnen oder Schülern, um sowohl eine umfassende Beratung der Eltern zu in Frage kommenden Förderorten zu ermöglichen als auch Kontinuität in der Förderung in der neuen Schule zu gewährleisten.

2.4 Kindertagesstätten

Mit den örtlichen Kindertagesstätten kann eine Zusammenarbeit insbesondere unter dem Aspekt der Prävention erfolgen. Zum einen tritt die Grundschule im Rahmen der Sprachstandsfeststellung (Delfin 4) mit diesen Einrichtungen in Kontakt, woraus eine Beratung der Erzieherinnen und Erzieher über zusätzliche vorschulische Förderung im sprachlichen oder in anderen Bereichen erfolgen kann.

Zum anderen führen viele Grundschulen ein sogenanntes Schulspiel ein halbes Jahr vor Schuleintritt durch, in dem spielerisch eine Diagnose von zentralen Lernvoraussetzungen erfolgt. Dies kann im Idealfall zusammen mit Erzieherinnen oder Erziehern der jeweiligen Einrichtung durchgeführt werden. Auf diese Weise kann, die Zustimmung der Eltern vorausgesetzt, ein Austausch zu Erfahrungen mit dem jeweiligen Kind in der Einrichtung und zu Erwartungen der Schule stattfinden. Hieran anschließend wird ein Austausch mit den Eltern über notwendige weitere Förderung im Kindergarten und ggf. darüber hinaus möglich.

Die Kindertagesstätte hat in der Regel engen Kontakt zu den Eltern und dem sozialen Umfeld sowie vielfältige Erfahrungen in der Arbeit mit den jeweiligen Kindern. Gespräche mit den Erzieherinnen oder Erziehern können hilfreiche Informationen und Hinweise zur weiteren, ggf. sonderpädagogischen Förderung eines Kindes in der Schule geben.

Des Weiteren führen einige Grundschulen gemeinsam mit Kindertagesstätten Projekte wie mathematische Frühförderung durch, bei denen sich ebenfalls Möglichkeiten der präventiven Beratung bieten.

2.5 Schulamt

Das Schulamt bietet als „Schaltstelle" der sonderpädagogischen Förderung im Gemeinsamen Unterricht und Förderschulen einer Stadt oder einer Region eine Vielzahl von Kooperationsfeldern. Hierzu gehören u.a.:

- Beratung im Rahmen der Schulentwicklung, zum Beispiel zu einem schulinternen GU-Konzept
- Eröffnungen von Feststellungsverfahren nach der AO-SF
- Entscheidungen nach der AO-SF über Förderbedarf, Förderschwerpunkt und Förderort
- Entscheidungen bezüglich Förderschwerpunkt- oder Förderortwechsel sowie zum Übergang in die Sekundarstufe I von Schülerinnen und Schülern mit sonderpädagogischem Förderbedarf
- Schaffung der organisatorischen und personellen Rahmenbedingungen für sonderpädagogische Förderung im Gemeinsamen Unterricht und in Förderschulen
- Durchführung von Prognoseunterricht bei Unstimmigkeiten beim Übergang in die Sekundarstufe I
- Fortbildungs-, Beratungs- und Unterstützungsangebote für unterschiedliche Adressatenkreise, häufig auch zu Themenbereichen des GU

2.6 Zusammenkünfte von Lehrkräften im Gemeinsamen Unterricht

In einigen Schulamtsbezirken der Städte und Kreise finden regelmäßige Arbeitskreise oder Dienstbesprechungen für Lehrkräfte als Unterstützung ihrer Tätigkeit im Gemeinsamen Unterricht statt. Diese Zusammenkünfte werden innerhalb der Schulämter in der Regel von den Koordinatoren für sonderpädagogische Förderung und Moderatoren für Gemeinsamen Unterricht (KoMo) initiiert und organisiert. Teilweise werden diese Angebote nach Schulstufe, Schulform oder fachlichem Hintergrund der Lehrkräfte eingeteilt. Darüber hinaus sind Arbeitskreise auch aus Zusammenschlüssen von interessierten Sonderpädagogen, aus Kooperationsverbünden zwischen verschiedenen Schulen oder im Rahmen bestehender Projekte, Konzepte oder Pilotphasen (zum Beispiel der Kompetenzzentren sonderpädagogische Förderung) entstanden.
Die Arbeitskreise oder Dienstbesprechungen zum GU beinhalten unterschiedliche Themen, Schwerpunkte und Zielsetzungen.

Dies kann u.a. umfassen:
- Fragestellungen zur Förderplanung einzelner Förderschwerpunkte
- sonderpädagogischen Maßnahmen in einzelnen Förderschwerpunkten
- fachlichen Austausch oder kollegiale Fallberatung zu Fallbeispielen
- Erarbeitung von Konzepten und Best-Practice-Beispielen für einen positiven GU-Alltag
- Vorstellung von spezifischem Fördermaterial
- Informationen aus den Schulämtern zu Verfahrensweisen im Rahmen der AO-SF und zu festgelegten Terminen
- Fortbildungsinhalte zu spezifischen Themen oder sonderpädagogischen Fachrichtungen durch Teilnehmer oder externe Referenten

Ein Aspekt dieser Arbeitstreffen soll an dieser Stelle herausgestellt werden: sonderpädagogische Lehrkräfte der allgemeinen Schulen haben oft nur wenige oder keine Fachkolleginnen oder -kollegen an ihrer Schule. Die Arbeitskreise und Dienstbesprechungen zum Gemeinsamen Unterricht können hierzu einen fachlichen Ausgleich schaffen aufgrund meist stärkerer Beteiligung von sonderpädagogischen Lehrkräften. Häufig ergeben sich bei und durch diese Treffen intensive Kontakte und Kooperationsmöglichkeiten mit anderen Fachkolleginnen und -kollegen, aber auch mit anderen Lehrkräften im GU.

3. Außerschulische Partner
3.1 Therapeuten / therapeutische Einrichtungen
Mit Therapeuten oder therapeutischen Einrichtungen, die einzelne Schülerinnen und Schülern mit sonderpädagogischem Förderbedarf besuchen, kann eine Zusammenarbeit in Form einer individuellen Fallberatung oder einer Abstimmung von therapeutischem und pägagogischem Handeln mit dem Kind sinnvoll sein. Ebenso unterstützend können fachliche Informationen dieses Personenkreises für die schulische Förderung wirken. In der Elternberatung sollten bei Bedarf immer wieder Wege außerschulischer und ergänzender Förderung aufgezeigt werden.
In Frage kommen hier folgende Angebote und Einrichtungen: Logopädische Behandlung, Sprachtherapie, Ergotherapie, Physiotherapie, Motopädie bzw. Psychomotorik, heiltherapeutisches Reiten, Musiktherapie, Psychotherapie, aber auch Diagnose und Therapie in sozialpädiatrischen Zentren oder der Neuropädiatrie. Therapeutische Maßnahmen werden in der Regel durch Verordnung eines Arztes bzw. Kinderarztes veranlasst und abgerechnet. Eltern sollten darauf hingewiesen werden, dass sie ihren Arzt zum Teil direkt auf eine Therapiemöglichkeit ansprechen sollten.

Eine Diagnose und entsprechende Therapieangebote zu einer Leserechtschreibschwäche (LRS) oder Dyskalkulie erfolgt über die Erziehungsberatungsstellen der Jugendämter. Angebote dieser Art, jedoch kostenpflichtig, bieten auch zahlreiche private Institute an.

3.2 Jugendamt: Erziehungsberatungsstelle, Jugendhilfedienst

Erziehungsberatungsstellen bieten eine Beratung von Eltern zu Fragen der Lebensführung und Erziehung ihrer Kinder. Eltern müssen diese Stellen von sich aus aufsuchen, diese werden nur auf freiwilliger Basis tätig. Lehrkräfte können Eltern bei Bedarf einen Kontakt zu einer Erziehungsberatungsstelle empfehlen und Ansprechpartner vermitteln. Sie können hier auch Nachdruck schaffen durch Hinweise auf schulische Konsequenzen wie einem Förderortwechsel bei ausbleibenden häuslichen oder familiären Veränderungen. Bei Zustimmung der Eltern können Lehrkräfte schulische Informationen zu einem Kind an die Erziehungsberatungsstellen weiterleiten, bei Bedarf kann mit den Beratungsstellen auch das jeweilige pädagogische Handeln aufeinander abgestimmt werden. Der Jugendhilfedienst wird aktiv bei einem Verdacht auf Kindeswohlgefährdung. Schulen bzw. Lehrkräfte können bei Verdachtsmomenten eine anonyme Beratung beim Jugendhilfedienst in Anspruch nehmen, meist auf telefonischem Wege. Bei deutlicheren Anzeichen erhält dieser Dienst konkrete Hinweise zu einem Kind. Diesen Hinweisen gehen die Mitarbeiter dann nach, um die Situation einschätzen und notwendige Maßnahmen planen zu können. Notmeldungen sind in der Regel auch am Wochenende möglich, denen der Jugendhilfedienst dann möglichst zeitnah nachgeht. Wichtig in diesem Zusammenhang ist die Verpflichtung, einen Verdacht auf Kindeswohlgefährdung zu melden und dies zu dokumentieren.

Familienhilfen oder ähnliche Maßnahmen bei notwendiger familiärer Stabilisierung oder Unterstützung werden in der Regel durch einen Jugendhilfedienst beauftragt. Mit diesen Familienhelfern können und sollten die Lehrkräfte ebenfalls Kontakt aufnehmen, um auch hier ein abgestimmtes pädagogisches Handeln zu vereinbaren. Bei Unklarheiten zum Auftrag der Familienhilfe oder Schwierigkeiten in der Zusammenarbeit mit ihnen kann stets auch der zuständige Jugendhilfedienst angesprochen werden,

Eine Beantragung eines Integrationshelfers nach §35a KJHG (Hilfen zur Wiedereingliederung) kann, vor allem bei einer Fremd- u. Eigengefährdung, durch die Eltern beim Jugendamt beantragt werden.

3.3 Schulverwaltungsamt

Das Schulverwaltungsamt ist zuständig für die sächliche Ausstattung von Schulen. Eine Beantragung von Lehr- und Lernmitteln und Mobiliar über den regulären Haushalt der Schule hinaus, aber auch von baulichen Veränderungen, erfolgt immer über die Schulleitung. Notwendige Vorgespräche zur Klärung der Rahmenbedingungen kann diese auch an Lehrkräfte delegieren.

Das Schulverwaltungsamt ist ebenfalls zuständig für den Schülertransport, also für Schülerfahrkarten für den öffentlichen Nahverkehr und für Schulbuslinien allgemeiner Schulen. Weiterhin organisiert es den Schülerspezialverkehr (Schülertransport von Schülern mit sonderpädagogischem Förderbedarf zu entsprechenden Förderorten per Bus oder Taxi). Einen solchen Transport ihrer Kinder zu einer Schule mit Gemeinsamem Unterricht oder einer Förderschule müssen Eltern eigenständig beantragen.

3.4 Örtliche Vereine oder Einrichtungen

Zur ganzheitlichen Entwicklung eines Kindes ist oft eine Einbindung in Aktivitäten im Wohnumfeld wie Sportvereine oder Kinder- und Jugendgruppen hilfreich. Lehrkräfte können, wenn sie Kenntnis von angemessenen und förderlichen Angeboten haben, diese Informationen an Eltern weiterleiten und diese bei Bedarf dazu ermuntern, dass ihr Kind davon Gebrauch macht. Auch bei diesen außerschulischen Partnern kann ein Austausch mit den Verantwortlichen über Besonderheiten der Schülerin oder des Schülers sinnvoll sein, ebenso Absprachen zum pädagogischen Handeln.

Folgende Fragen sind zu klären:	Antworten:
• Wer sucht die Person, die die Schulbegleitung wahrnehmen soll? Gibt es zum Beispiel Träger wie die Lebenshilfe, Diakonie, Caritas, …, an die man sich wenden kann? Haben diese bereits einen Stellenpool?	
• Wer entscheidet, welche Person die Schulbegleitung wahrnehmen soll (z.B. Träger, Eltern, Schule, eventuell gemeinsam,…) ? *(Beachtet werden muss: Wird kein Träger seitens der Institution in Anspruch genommen und die Schulbegleitung direkt beim Kostenträger Sozialamt oder Jugendamt abgerechnet, hat die Schulbegleitung keinerlei Versicherungsschutz und muss sich selbst absichern)*	
• Wer organisiert die Kooperation mit dem Träger und den Sorgeberechtigten, der die Schulbegleitung angestellt hat?	
• Wer ist weisungsbefugt gegenüber der Person, die die Schulbegleitung durchführt? • Wer trägt Verantwortung, für welche Bereiche (z. B. arbeitsrechtlich, schulintern)?	

Folgende Fragen sind zu klären:	Antworten:
• Hat die Schulbegleitung die Möglichkeit, Fortbildung und/oder Supervision in Anspruch zu nehmen? Wer organisiert das und übernimmt die Kosten?	
• Wer leitet die Schulbegleitung schulintern an und begleitet sie?	
• Was ist, wenn die Schülerin/ der Schüler erkrankt ist?	
• Was geschieht, wenn die Schulbegleitung erkrankt ist? – Hat der Träger einen Stellenpool, der auch Vertretung gewährleistet?	

Mustervertrag

Schule / Träger zur Arbeit von Integrationshelferinnen und -helfern

Vereinbarung zur Qualitätssicherung in der Arbeit der Integrationshelfer und -helferinnen

Abgeschlossen zwischen der

....
(nachfolgend Schule genannt)

und

....
(nachfolgend Träger genannt)

Präambel

Diese Vereinbarung wird geschlossen mit dem gemeinsamen Ziel, die Zusammenarbeit zwischen Integrationshelfern und – helferinnen außerschulischer Organisationen und der Förderschule... zu verbessern und gemeinsame Grundsätze festzuhalten.

Die Arbeit der Integrationshelfer und – helferinnen ermöglicht den Schulbesuch der Schülerinnen und Schüler. In diesem Sinne dient sie der schulischen Integration und Förderung der zu betreuenden Schülerinnen und Schüler.

Vereinbarung

Die Schule und der Träger verpflichten ihre Mitarbeiterinnen und Mitarbeiter zur Einhaltung der nachfolgenden Vereinbarungen. Die Integrationshelfer und – helferinnen und Erziehungsberechtigten erhalten jeweils eine Ausfertigung dieser Vereinbarung

Aufnahme der Tätigkeit an der Schule

Alle Integrationshelfer und -helferinnen stellen sich an ihrem ersten Arbeitstag bei der Schulleitung vor.

Einführungsgespräch

In Einführungsgesprächen durch das Klassenteam werden sie über die Besonderheiten der Schülerinnen und Schüler informiert, damit sie angemessen sowohl mit den zu betreuenden Schülerinnen und Schülern als auch deren Mitschülerinnen und Mitschülern umzugehen lernen. Die Verantwortung für die Durchführung obliegt der Klassenlehrerin bzw. dem Klassenlehrer.

Reflexionsgespräch

Nach 3-4 Wochen Arbeit an der Schule findet ein Gespräch zwischen Klassenteam, Integrationshelfer oder – helferin, einem Vertreter des Trägers und gegebenenfalls den Eltern statt. Ziel des Gespräches ist die Reflexion der Zusammenarbeit. Alle Genannten erhalten ein Protokoll des Gesprächs.

Weisungsbefugnis

In Bezug auf das zu betreuende Kind und die Klassenregeln sind das Klassenteam und die Schulleitung im Sinne eines Fachvorgesetzten weisungsbefugt. Die Integrationshelfer und – helferinnen arbeiten nach deren Anleitung. Dienstvorgesetzter bleibt der Träger.

Verhalten

Bei Vorliegen einer Schulordnung gilt diese auch für die Integrationshelfer und – helferinnen. Bis dahin gilt insbesondere Folgendes:

Während der Unterrichtszeit verhalten sich die Integrationshelfer und – helferinnen so, dass der Unterricht nicht gestört wird. Die Klassenregeln sind einzuhalten und eigene Interessen zurückzustellen (z.B. keine Nebengespräche führen).

Das Schulgebäude ist rauchfreie Zone. Rauchen ist nur innerhalb der eigenen Pausen außerhalb des Schulgebäudes möglich. In Anwesenheit von Schülerinnen und Schülern ist das Rauchen grundsätzlich - auch außerhalb der Schule - untersagt.

Handys müssen in der Schule ausgeschaltet werden. Die Integrationshelfer und – helferinnen sind in den Pausen und in Notfällen jederzeit für die Träger über das Schultelefon erreichbar.

Pausen

Die Pausendauer richtet sich nach dem jeweils geltenden Arbeitszeitgesetz. Genommen werden die Pausen in Absprache mit dem Klassenteam.

Krankheit

Bei Krankheit informieren die Integrationshelfer und – helferinnen umgehend auch die Schule bis 8.00 Uhr.

Konflikte

Bei Konflikten zwischen Klassenteam und Integrationshelfer oder – helferin, die diese nicht selbst miteinander klären können, sind die jeweils Vorgesetzten hinzuzuziehen.

Gespräche auf Leitungsebene

Einmal jährlich findet ein Gespräch zwischen Schule und Trägern statt.

Diese Vereinbarung wurde von der Schulleitung und dem Träger gemeinsam erarbeitet und wird mit heutigem Tage freigegeben.

……………………………., den ……….

…………………………………………………..   ………………………………………………………………..
Schule   Träger

5.
Rechtliche Rahmenbedingungen

Mike Nossmann

- **Übereinkommen der Vereinten Nationen über die Rechte von Menschen mit Behinderungen vom 13.06.2006**

Artikel 24 (Bildung)

(1) Die Vertragsstaaten anerkennen das Recht von Menschen mit Behinderungen auf Bildung. Um dieses Recht ohne Diskriminierung und auf der Grundlage der Chancengleichheit zu verwirklichen, gewährleisten die Vertragsstaaten ein integratives Bildungssystem auf allen Ebenen und lebenslanges Lernen mit dem Ziel,

a) die menschlichen Möglichkeiten sowie das Bewusstsein der Würde und das Selbstwertgefühl des Menschen voll zur Entfaltung zu bringen und die Achtung vor den Menschenrechten, den Grundfreiheiten und der menschlichen Vielfalt zu stärken;

b) Menschen mit Behinderungen ihre Persönlichkeit, ihre Begabungen und ihre Kreativität sowie ihre geistigen und körperlichen Fähigkeiten voll zur Entfaltung bringen zu lassen;

c) Menschen mit Behinderungen zur wirklichen Teilhabe an einer freien Gesellschaft zu befähigen.

(2) Bei der Verwirklichung dieses Rechts stellen die Vertragsstaaten sicher, dass

a) Menschen mit Behinderungen nicht aufgrund von Behinderung vom allgemeinen Bildungssystem ausgeschlossen werden und dass Kinder mit Behinderungen nicht aufgrund von Behinderung vom unentgeltlichen und obligatorischen Grundschulunterricht oder vom Besuch weiterführender Schulen ausgeschlossen werden;

b) Menschen mit Behinderungen gleichberechtigt mit anderen in der Gemeinschaft, in der sie leben, Zugang zu einem integrativen, hochwertigen und unentgeltlichen Unterricht an Grundschulen und weiterführenden Schulen haben;

...

e) in Übereinstimmung mit dem Ziel der vollständigen Integration wirksame individuell angepasste Unterstützungsmaßnahmen in einem Umfeld, das die bestmögliche schulische und soziale Entwicklung gestattet, angeboten werden.

Rechtliche Rahmenbedingungen

• Gemeinsames Lernen in der Schule in NRW

§ 19 SchulG NRW Sonderpädagogische Förderung/ §20 SchulG NRW Orte der Sonderpädagogischen Förderung
In der Primarstufe können Schülerinnen und Schüler in einer Klasse der Grundschule (Gemeinsamer Unterricht) unterrichtet werden.
In der Sekundarstufe I kann die sonderpädagogische Förderung in einer "integrativen Lerngruppe" weitergeführt werden.

§37 AO-SF Gemeinsamer Unterricht, integrative Lerngruppen
(1) Die Teilnahme am Gemeinsamen Unterricht (§ 20 Abs. 7 SchulG) und am Unterricht in Integrativen Lerngruppen (§ 20 Abs. 8 SchulG) setzt einen Antrag der Eltern voraus.
(2) Die Schülerinnen und Schüler mit sonderpädagogischem Förderbedarf werden auf der Grundlage der Unterrichtsvorgaben des Ministeriums (§ 29 SchulG) für die allgemeine Schule sowie der Richtlinien für ihren Förderschwerpunkt unterrichtet.

(3) Die Schülerinnen und Schüler mit sonderpädagogischem Förderbedarf erhalten Zeugnisse mit der Bemerkung, dass sie sonderpädagogisch gefördert werden. Die Zeugnisse nennen außerdem den Förderschwerpunkt. §§ 27 - 29 gelten entsprechend.

(4) Bis zum Ende des ersten Halbjahres der Klasse 4 entscheidet die Schulaufsichtsbehörde über die Notwendigkeit einer weiteren sonderpädagogischen Förderung und den Förderort in der Sekundarstufe I. Ein neues Gutachten nach § 12 ist nur dann einzuholen, wenn es erforderlich ist.

Wechsel Primarstufe – Sekundarstufe I

Soll ein Kind mit sonderpädagogischem Förderbedarf in eine integrative Lerngruppe an einer allgemeinen Schule der Sekundarstufe I wechseln, so handelt es sich in jedem Fall um eine Änderung des Förderortes, auch wenn es in der Grundschule im gemeinsamen Unterricht gefördert wurde (AO-SF § 37/4). Voraussetzung für eine entsprechende Entscheidung der Schulaufsicht ist, dass die Eltern einen Antrag auf Teilnahme am gemeinsamen Unterricht stellen (§37, Abs. 1 AO-SF vom 29.04.2005).
Die abgebende Schule stellt im Rahmen der jährlichen Überprüfung fest, ob der Förderbedarf weiter besteht (§ 15 AO-SF). Hier hat es sich bewährt, wenn Lehrerinnen bzw. Lehrer für Sonderpädagogik der möglicherweise aufnehmenden Schule schon an diesem Punkt mit der Grundschule bzw. der Förderschule kooperieren.

Soll das Kind in der Sekundarstufe von der Förderschule in den Gemeinsamen Unterricht wechseln (Wechsel des Förderortes), ist ein Verfahren gemäß § 15, Abs. 3, AO-SF erforderlich. Neben dem Elternwillen bedarf es dabei nach § 19, Abs.2, SchulG auch der Zustimmung des Schulträgers. So können die Bedingungen des neuen Förderortes in dem Entscheidungsprozess berücksichtigt werden.
(vgl.: MSW SchulG 2006)

- **Rechtliche Rahmenbedingungen der Leistungsbewertung im Gemeinsamen Unterricht**

Im Folgenden sind die wichtigsten Aussagen zur Leistungsbewertung zusammengestellt.

Allgemeine Grundlagen/Richtlinienbezug

§ 48 SchulG
(1) Die Leistungsbewertung soll über den Stand des Lernprozesses der Schülerin oder des Schülers Aufschluss geben; sie soll auch Grundlage für die weitere Förderung der Schülerin oder des Schülers sein. Die Leistungen werden durch Noten bewertet. Die Ausbildungs- und Prüfungsordnungen können vorsehen, dass schriftliche Aussagen an die Stelle von Noten treten oder diese ergänzen können.
(2) Die Leistungsbewertung bezieht sich auf die im Unterricht vermittelten Kenntnisse, Fähigkeiten oder Fertigkeiten. Grundlage der Leistungsbewertung sind alle von der Schülerin oder dem Schüler im Beurteilungsbereich "Schriftliche Arbeiten" und im Beurteilungsbereich "Sonstige Leistungen im Unterricht" erbrachten Leistungen. Beide Beurteilungsbereiche sowie die Ergebnisse zentraler Lernstandserhebungen werden bei der Leistungsbeurteilung angemessen berücksichtigt.

§ 20 SchulG
(4) Die sonderpädagogische Förderung hat das Ziel, Schülerinnen und Schüler zu den Abschlüssen zu führen, die dieses Gesetz vorsieht. Für den Unterricht gelten grundsätzlich die Unterrichtsvorgaben (§ 29) für die allgemeine Schule sowie die Richtlinien für die einzelnen Förderschwerpunkte. Im Förderschwerpunkt Lernen und im Förderschwerpunkt Geistige Entwicklung werden die Schülerinnen und Schüler zu eigenen Abschlüssen geführt. Im Förderschwerpunkt Lernen ist der Erwerb eines dem Hauptschulabschluss gleichwertigen Abschlusses möglich.

Rechtliche Rahmenbedingungen

Darüber hinaus gilt:

§ 28 AO-SF - Zeugnisse

§ 29 AO-SF - Übergang in eine andere Klasse

§ 30 AO-SF - Abschlüsse, Nachprüfung

§ 3 Ausbildungsordnung Grundschule - AO-GS - Unterricht und Stundentafel

§ 9 Verordnung über die Ausbildung und die Abschlussprüfungen in der Sekundarstufe I

- Schülerinnen und Schüler mit einer Behinderung, Gemeinsamer Unterricht, Integrative Lerngruppen
(1) Soweit es die Behinderung oder ein sonderpädagogischer Förderbedarf einer Schülerin oder eines Schülers erfordert, kann von einzelnen Bestimmungen dieser Verordnung abgewichen werden.
(2) Für den Gemeinsamen Unterricht (§ 20 Abs. 7 SchulG) und für den Unterricht in Integrativen Lerngruppen (§ 20 Abs. 8 SchulG) gilt § 37 der Verordnung über die sonderpädagogische Förderung, den Hausunterricht und die Schule für Kranke (AO-SF).

RdErl. vom 19.05.2005 Integrative Lerngruppen an allgemeinen Schulen der Sekundarstufe 1, 5. Leistungsbewertung, Zeugnisse und Abschlüsse (Die Abschlüsse und Zeugnisse richten sich nach den §§ 19 sowie 21 bis 37 AO-SF).

Nachteilsausgleich
Der Nachteilsausgleich ist im Sozialgesetzbuch IX § 126 (1) geregelt:
(1) Die Vorschriften über Hilfen für behinderte Menschen zum Ausgleich behinderungsbedingter Nachteile oder Mehraufwendungen (Nachteilsausgleich) werden so gestaltet, dass sie unabhängig von der Ursache der Behinderung der Art oder Schwere der Behinderung Rechnung tragen.
(2) Nachteilsausgleiche, die auf Grund bisher geltender Rechtsvorschriften erfolgen, bleiben unberührt.

§ 2 SchulG
(9) Schülerinnen und Schüler mit Entwicklungsverzögerungen oder Behinderungen werden besonders gefördert, um ihnen durch individuelle Hilfen ein möglichst hohes Maß an schulischer und beruflicher Eingliederung, gesellschaftlicher Teilhabe und selbstständiger Lebensgestaltung zu ermöglichen.

Abschlüsse für zieldifferent geförderte Schülerinnen und Schüler
- Abschlusszeugnis der Förderschule mit dem Förderschwerpunkt Geistige Entwicklung
- Abgangszeugnis der Förderschule mit dem Förderschwerpunkt Lernen
- Abschlusszeugnis der Förderschule mit dem Förderschwerpunkt Lernen nach Klasse 9
- Abschlusszeugnis der Förderschule mit dem Förderschwerpunkt Lernen nach Klasse 10
- Abschluss der Hauptschule nach Klasse 9

Rechtliche Rahmenbedingungen

Fragen:	Antworten:
Grundschulkapitel? / Förderschulkapitel? Was bedeutet das für mich?	Gehört die Lehrerstelle zum Grundschulkapitel, ist die Stammschule eine Grundschule. Die wöchentliche Arbeitszeit richtet sich nach der Unterrichtsverpflichtung von Grundschullehrkräften (in der Sekundarstufe I nach der der entsprechenden Schulform). Gehört die Lehrerstelle zum Förderschulkapitel, ist die Stammschule eine Förderschule. Ein Teil der Stelle oder die gesamte Stelle ist jedoch an eine oder mehrere Grundschulen abgeordnet. Die wöchentliche Arbeitszeit richtet sich nach den Vorgaben für Förderschulen. Abordnungen von sonderpädagogischen Lehrkräften an Förderschulen und an Grundschulen sind wechselweise möglich.
Woran orientiert sich der Umfang des Einsatzes einer GU-Lehrkraft an einer Schule?	Der Umfang des Unterrichtseinsatzes orientiert sich an der Anzahl und den Förderschwerpunkten der Schülerinnen und Schüler mit sonderpädagogischem Förderbedarf. Die Zuweisung der Lehrkraft an die Schule erfolgt durch die Schulaufsicht.
Inwieweit kann ich meinen Einsatz an einem Förderort selbst strukturieren?	Über den Einsatz der Lehrkräfte, den Stunden-, Aufsichts- und Vertretungsplan entscheidet die Schulleitung. Sie ist insgesamt weisungsbefugt. Über die Form und Ausgestaltung des GU wird im Rahmen von Lehrer- und Schulkonferenz beraten. Hier sollten eigene Vorschläge einfließen. Die Fachaufsicht für den GU liegt (regional verschieden) bei der Schulaufsicht der Grundschulen oder der Förderschulen.

Rechtliche Rahmenbedingungen

Fragen:	Antworten:
Gibt es ein Budget für den GU?	Der Schulträger ist für die materielle und sächliche Ausstattung des GU zuständig. Einige Schulträger haben ein Budget für den GU im Haushalt, z.B. für Testmaterialien oder räumliche Ausstattungen verankert. Ansonsten können insbesondere bei Neueinrichtungen entsprechende Mittel eingefordert werden. Bereits vor der Aufnahme eines Kindes in den GU sollten dem Schulträger die Bedarfe des Kindes vorliegen und entsprechende Mittel eingefordert werden. Es gilt: wenn der Schulträger die Aufnahme des Kindes in den GU unterstützt, ist von ihm die notwendige materielle und sächliche Ausstattung dafür sicher zu stellen. Dies gilt auch, wenn sich der Förderbedarf eines Kindes im GU ändert.
Welche gesetzlichen Regelungen bestehen bezüglich meines Einsatzes an mehreren Dienststellen?	Über den Einsatz an mehreren Dienststellen entscheidet die Schulaufsicht. Im Regelfall gilt, dass der vorrangige Dienstort die Schule ist, an der der größere Teil der Wochenstunden sind. Dementsprechend regeln sich die Teilnahme an Konferenzen / Dienstbesprechungen und anderer schulischen Verpflichtungen. Aber auch an den andern Förderorten kann die Teilnahme an Dienstbesprechungen und Konferenzen verpflichtend sein. Absprachen darüber können mit den Schulleitungen getroffen werden. Hier kann auf die Bedeutung der zu besprechenden Themen für den GU verwiesen werden. Der Unterrichtseinsatz ist zwischen den Schulleitungen auch unter Berücksichtigung der berechtigten Interessen der Lehrkraft abzustimmen.

Rechtliche Rahmenbedingungen

Fragen:	Antworten:
An wen kann ich mich bei Fragen oder Problemen wenden?	Ansprechpartner bei Fragen oder Problemen können der Lehrerrat, die Schulleitung, die Koordinatorinnen und Koordinatoren für den GU sowie die zuständige Schulaufsicht (Achtung, Dienstweg beachten!) sein.
Muss ich Verfahren gemäß AO-SF durchführen?	Ja, die Durchführung von Verfahren gemäß AO-SF gehört zu den dienstlichen Aufgaben.
Wie ist die Schülerzusammensetzung im Rahmen des GU geregelt?	Die Schulleitung trägt insgesamt die Verantwortung über die Schülerzusammenstellung und Durchführung des GU. Für eine Begrenzung der Klassenstärke gibt es keine gesetzliche Regelung. Hier gilt es pädagogisch zu argumentieren bzw. beim Schulträger entsprechende materielle und sächliche Ausstattungen einzufordern.

Beitrittserklärung:

Hiermit erkläre ich zum ⬜ meinen Beitritt in den **vds, Verband Sonderpädagogik, LV-NRW**

Ich bitte, beim Regionalverband ⬜ geführt zu werden.

Gleichzeitig ermächtige ich den **vds** widerruflich, die von mir zu entrichtenden Mitgliedsbeiträge bei Fälligkeit zu Lasten meines Kontos einzuziehen:

| Nr. | BLZ | bei der |

Im Mitgliedsbeitrag ist der Bezug der Zeitschrift für Heilpädagogik und der Mitteilungen enthalten; der Jahresbeitrag beträgt für:

Gruppe A: Lehrer, Schulen, Institutionen — **90,00 Euro**

Gruppe B: Fachlehrer, Pensionäre — **72,00 Euro**

Gruppe C: Studenten, Lehramtsanwärter — **30,00 Euro**

Name	Vorname
PLZ/Ort	Straße
Dienstbezeichnung	E-Mail

Datum, Unterschrift

Verband Sonderpädagogik
Landesverband Nordrhein-Westfalen e. V.

Bitte senden Sie Ihre Beitrittserklärung an:
Landeskassenführung und Mitgliederverwaltung,
Dirk Wasmuth, Wilhelm-Canaris-Str. 6, 59348 Lüdinghausen